EUGÈNE GALLOIS

CHARGÉ DE MISSION

LA France d'Asie

UN FRANÇAIS EN INDO-CHINE

SIAM — COCHINCHINE

CAMBODGE — LAOS

TONKIN — ANNAM

A MONSIEUR

LE GOUVERNEUR GÉNÉRAL

DE L'INDO-CHINE

aux Fonctionnaires,

à l'Armée,

aux Colons

et

à tous ceux qui m'ont aidé d'une façon

quelconque dans mon voyage

*En témoignage de gratitude,
je dédie ce modeste souvenir avec
mes remerciements.*

L'Auteur.

LA FRANCE D'ASIE

Un Français en Indo-Chine

LA ROUTE DE L'EXTRÊME-ORIENT

On a souvent dit et répété que les Français ne voyageaient pas...; on voudra bien cependant reconnaître qu'il y en a un petit nombre, et nous voulons être de ceux-là, qui font exception à la règle. Voyager pour se distraire, c'est parfois bien; voyager pour s'instruire, c'est mieux; mais voyager pour chercher à instruire les autres, c'est mieux encore, on ne nous ne le contestera pas... C'est ce que nous allons tenter de faire, sans aucune prétention, ajoutons-le bien vite. Aussi nous nous efforcerons, sans être trop sérieux, ni technique, de chercher à faire connaître les vastes domaines que la France possède dans la partie sud de l'Asie; nous avons dit : l'Indo-Chine et les pays compris sous cette dénomination générale : Cochinchine, Cambodge, Laos, Annam et Tonkin. Les circonstances le permettant, nous parlerons aussi du Siam, notre voisin.

Tel est, en résumé, le plan général du voyage que nous avons projeté et accompli.

Mais la route est longue, comme chacun sait, pour gagner les côtes asiatiques de la mer de Chine, et le lecteur permettra bien au voyageur de l'entretenir quelque peu des événements survenus en cours de route. Le chemin, du reste, est loin d'être banal, et, quoique fort connu, il nous a paru intéressant de le remémorer brièvement.

**
*

Un beau soir donc, comme on dit dans les romans, nous nous mettions en route, mon camarade et moi, et quittions Paris, après nous être arrachés aux étreintes familiales et amicales.

Je ne saurais oublier ce départ à la gare de Lyon, dans le brouhaha et la cohue. Le train est parti comble, ce qui lui arrive souvent, il est vrai, mais nous avons eu à Marseille l'explication de cette recrudescence de voyageurs; notre départ coïncidait avec celui du courrier transatlantique d'Alger et le passage de la malle des Indes, paquebot anglais de la Pino, comme l'on dit en style courant (c'est-à-dire de la compagnie Péninsulaire Orientale anglaise). Ce fait d'avoir choisi Marseille comme escale par la puissante compagnie étrangère a malheureusement passé presque inaperçu, malgré ses conséquences graves, et peu à notre avantage, il n'est pas besoin de l'ajouter. Chemin faisant, nos voisins anglais usaient ou plutôt abusaient toujours du même sans gêne... ils se mettaient les pieds à l'aise après avoir encombré le compartiment de leurs multiples colis et... je pourrais ajouter, de leurs personnes. Néanmoins le voyage s'est bien accompli, et après une nuit plus ou moins reposante, nous nous retrouvions, au levant, à l'heure où l'Aurore aux doigts de rose entr'ouvre les portes de l'Orient, comme dirait le poète, sur les rives du Rhône, ce fleuve aux ondes tumultueuses qui court entre des montagnes aux silhouettes parfois fort pittoresques. Valence, Montélimar, le pays qui accouple les deux mots : nougat et président (mais pas de politique ici), furent vite dépassés. Puis ce fut Avignon et son château des Papes, à l'imposant aspect ; Tarascon et Beaucaire, qui évoquent le souvenir du héros humoristique immortalisé par Daudet, le fameux Tartarin ; Arles avec ses arènes et ses ristes Alyscamps... que de jolis endroits, si intéressants à tous égards, pour lesquels je pourrais répéter: « j'en passe et des meilleurs ». Enfin le vaste étang de Berre apparut dans l'éblouissement de ses rives aux vives couleurs, avant-goût de la terre d'Afrique que venait déjà d'évoquer la traversée du désert de la Crau. Quelques minutes encore et nous saluions la belle rade de Marseille.

La voici, la vieille cité phocéenne, toute entière à ses préparatifs de fête ; elle s'apprêtait à célébrer l'anniversaire, si lointain, de sa fondation. Mais le lecteur impatient trouve peut-être que nous nous arrêtons beaucoup aux « bagatelles de la porte » ; il excusera cette entrée en matière, et, laissant les Marseillais en liesse, il voudra bien monter avec nous à bord d'un des beaux paquebots de la Compagnie Nationale des Messageries Maritimes qui font le service de l'Extrême-Orient. La description de notre hôtel flottant nous entraînerait trop loin, et quant aux personnes que des détails complets intéresseraient je les renverrais à la brochure que j'ai fait paraître à la suite de mon premier voyage en Asie, sous le titre : *Une Traversée (Impressions d'un Passager)*, en vente dans les gares et à bord des paquebots de la Compagnie des Messageries Maritimes.

Nous n'avions pu quitter Marseille sans monter à ce merveilleux belvédère qui a nom Notre-Dame de la Garde et demander à la Vierge de bénir notre voyage. Il nous souvient encore du panorama toujours si beau qui se déroule au pied du spectateur ; au sud la mer bleue où se découpent les silhouettes des îles abritant le lazaret et les tours du château d'If, à l'est le port (vieux et neuf) avec la ville qui vous entoure, tandis qu'au fond du paysage l'horizon se limite à un cercle de montagnes aux bizarres découpures. C'était dimanche, et les cloches des églises et chapelles vibraient à qui mieux mieux, jetant aux échos leurs chants d'allégresse.

Mais revenons à bord. Le pont est envahi par une véritable foule...; tout ce monde est-il des nôtres, mais alors où le logera-t-on? Tranquillisons-nous, la plupart sont des parents et des amis qui se livrent aux derniers épanchements. Un premier coup de cloche retentit et les rangs s'éclaircissent. Quelques retardataires arrivent bien encore, et l'on apporte à la hâte les derniers sacs de dépêches. Nouveau coup de cloche. Cette fois cela devient sérieux et bientôt les coups de sifflet retentissent... C'est le signal du départ ; les amarres sont larguées et l'on dérape.

En route donc, et au revoir, terre de France!... Autour du phare, sur les quais comme sur la jetée, des groupes pittoresques nous lancent les derniers adieux, les mouchoirs s'agitent. Mais l'hélice nous pousse, et bientôt Marseille semble fuir derrière nous pour disparaître.

C'est à la fin du jour que les bateaux quittent Marseille d'ordinaire ; alors on assiste au joli spectacle du coucher du soleil à l'époque des courtes journées...., Mais laissons les poètes et les rêveurs à leur contemplation, que nous sommes heureux de partager.

La nuit est venue, et, après le dîner et une soirée plus ou moins agréable, suivant l'état de la mer, les feux s'éteignent et le calme règne à bord. Seuls les bruits de la machine troublent le silence de la nuit... on dirait la respiration du monstre qui nous porte. Les derniers feux de terre ont disparu.

Au matin, on salue les montagnes de la Corse, le pays des maquis et de la terrible vendetta; des heures s'écoulent pendant que la terre est en vue. Sur des falaises éblouissantes se montrent minuscules les maisons de Bonifacio, tandis que, plus au sud, se perdent dans le lointain les montagnes de la Sardaigne. On franchit le détroit rendu tristement célèbre par le naufrage de la *Sémillante*, cette pauvre frégate française qui périt corps et biens à l'époque de la guerre de Crimée. Une modeste pyramide élevée sur les rochers du Lavezzi évoque ce douloureux souvenir.

La vie de bord commence, plus ou moins gaie, suivant la société et surtout l'état de la mer ; s'il fait beau, on reste sur le pont, on joue, on cause, on va et vient, et beaucoup restent étendus sur les chaises-longues. Les connaissances se font, les liaisons s'engagent... mais je ne saurais insister sur la vie à bord et ses particularités, qui m'entraîneraient trop loin de mon sujet.

On passe ensuite dans une autre partie de la Méditerranée, mer à compartiments, comme on l'a fort justement désignée. Derrière soi, on laisse la Sardaigne et ses satellites, îlots et rochers, cachant le point stratégique italien de la Magdalena, poste, paraît-il, des mieux fortifiés.

Au lendemain matin, apparaissent les îles Lipari avec leurs silhouettes plus ou moins pittoresques et leurs colorations chaudes. Parmi elles, le volcan du Stromboli dresse sa pyramide imposante d'un millier de mètres de hauteur. Parfois, un panache de fumée s'échappe du cratère, et tout récemment encore la lave s'écoulait sur ses flancs en un torrent de feu.

A l'horizon ce sont les côtes d'Italie, la sauvage Calabre, et les montagnes de la Sicile, qui se profilent dans les teintes rosées du matin. La terre semble se rapprocher, et bientôt la pointe de Faro avec sa tour oblige le bateau à faire un long détour pour entrer dans le détroit de Messine. Evitons, quoique cela ne présente aujourd'hui aucun danger, de tomber de Carybde en Scylla, ce passage entre le tourbillon avec roche sous marine et la pointe qui se détache en avant de la Calabre. Saluons au passage la ville de Messine, au-dessus de laquelle semblent se superposer des montagnes pelées. Le détroit, fort resserré, est très fréquenté et, en dehors des chaloupes de pêche et des petites voiliers de commerce, il est rare que l'on n'y croise pas quelque paquebot ; on échange d'ordinaire un salut avec le pavillon d'arrière.

Le détroit passé, pendant de longs milles encore, on voit, quand le temps est dégagé naturellement, la masse imposante de l'Etna, dont le sommet mesure plus de trois mille mètres.

Un dernier coup d'œil en arrière, puis on laisse se perdre à gauche dans le lointain la côte d'Italie et le cap Spartivento. La première terre que l'on verra maintenant sera l'île de Crête, avec son grand rocher de Ghando, sentinelle avancée qui porte un feu précieux pour les marins.

Encore quelques centaines de milles marins (car en mer on ne compte plus par lieues ou kilomètres), et la Méditeranée bleue se teindra de la couleur limoneuse des eaux du Nil. On approche de terre, et la tour du phare de Damiette semble surgir de la mer à l'horizon. Passant au large du Delta du Nil, le bateau se présente devant Port-Saïd. Nous voici à l'entrée du canal de Suez.

Le navire stoppe pour prendre le pilote et majestueusement, doublant les bouées, il entre dans le canal pour mouiller à son corps-mort et faire charbon. Tout autour, des bateaux, portant des pavillons de toutes nations, des chaloupes à vapeur ou de plus modestes canots, donnent une grande animation. Quant au charbon, il se fait prestement, grâce aux nombreuses équipes d'indigènes qui font passer des chalands dans le navire le noir combustible. Si le spectacle est curieux le jour, il est bien étrangement pittoresque la nuit; à la lueur de torchères, les charbonniers grouillent semblables à de noirs démons...

Port-Saïd, à part sa situation à l'entrée du canal, n'offre rien d'intéressant, avec ses maisons à galeries extérieures en bois et ses cafés et boutiques de toutes sortes. Elle renferme une population cosmopolite interlope; aussi le débarqué doit-il, s'il veut faire la moindre emplette, se mettre en garde et veiller à ses poches.

Le charbon embarqué, on largue les amarres et l'on s'engage dans le canal, passant devant le palais de la Compagnie, coiffé de ses dômes aux brillantes couleurs. C'est alors avec une sage lenteur que le paquebot s'avance (à une vitesse d'environ quelques kilomètres à l'heure); il faut en effet éviter les fausses manœuvres qui pourraient provoquer un échouage, sans parler des dégâts qu'entraînerait peut-être un déplacement d'eau trop violent occasionné par la marche.

Je ne referai pas ici l'histoire du célèbre canal, qui évoque le souvenir d'une époque glorieuse pour la France, brillante alors au premier rang des nations; on la connaît suffisamment... La traversée du canal, sans être absolument dénuée d'attrait, n'offre qu'un intérêt relatif Tantôt on passe au milieu de lacs: Menzaleh, Ballah, Timsah, sont les principaux; tantôt en tranchée plus ou moins profonde. De distance en distance, c'est une dragueuse qui rejette au loin le sable, ou un paquebot, ou encore un bateau de service, ou quelque plus modeste embarcation indigène, que l'on croise. Des stations avec leur jeu de signaux sont échelonnées le long du canal. A Ismaïlia, témoin jadis de tant de splendeurs, lors des fêtes d'inauguration, un massif de verdure cache à moitié le châlet du vice-roi. Longeant le canal, une ligne ferrée joint Port Saïd à Suez, ainsi qu'une route suivie parfois par quelque caravane de ces coursiers que l'on a si justement surnommés les vaisseaux du désert, les chameaux. De nombreux oiseaux, ibis, flamants roses, canards, et autres, se montrent souvent par bandes.

La nuit, la navigation se fait également grâce aux puissants projecteurs qui éclairent la route, crevant l'obscurité de leurs rayons intenses, tandis que s'allument les feux de diverses couleurs, précieux indicateurs. Des garages ont été aménagés pour permettre aux navire de se croiser. Pour la traversée des lacs Amery, le bateau accélère généralement sa marche, et on atteint ainsi Suez, et sa rade encadrée par une suite de montagnes qui se profilent au loin.

Comme on le sait, la longueur du canal est d'environ 150 kilomètres, et on met d'ordinaire quinze à dix-huit heures à le franchir. Quant à la température, elle est naturellement fort variable, quoique plutôt chaude en principe, cela va sans dire ; mais, pour ma part, je n'ai pas eu à m'en plaindre les diverses fois où je m'y suis trouvé. Parfois ce passage est cependant fort désagréable quand souffle le vent du désert, car alors un sable impalpable s'infiltre partout...

Jetons un dernier regard sur Suez, qui semble perdue au milieu des sables, et poursuivons.

Maintenant c'est la mer Rouge, si justement réputée pour ses chaleurs. Son passage est toujours à redouter. La température, qui se tient souvent dans les 30 à 35 degrés, dépasse parfois 40 et même plus. Aussi les costumes les plus légers font-ils leur apparition, complets de toile et casques coloniaux ; le matin la tenue est plus simple encore. Bien des personnes désertent alors les cabines, devenues intolérables, et s'installent la nuit sur le pont ; mais quelques bonnes précautions hygiéniques sont à prendre contre l'humidité, plus grande la nuit.

Chemin faisant, on croise quelques bateaux qui passent plus ou moins près.

La presqu'île sinaïtique est dépassée, et maintenant on perd de vue ces côtes désolées qui se profilent si étrangement à droite et à gauche ; on rencontrera, il est vrai, quelques îlots brûlés.

Aujourd'hui, dimanche, la messe est célébrée sur le pont, par un missionnaire en route pour l'Extrême-Orient. A cet effet, le commandant, qui donne l'exemple par sa présence à la célébration du saint sacrifice, a fait disposer un modeste autel derrière sa propre cabine. Quelques passagers et les officiers entourent celui qui, pour nous, commande ici en maître après Dieu.

Une heure plus tard, c'était l'inspection dominicale ; chaque homme est à son poste et rien ne saurait passer inaperçu aux yeux du vigilant capitaine.

Dans cette température de serre chaude, tout le monde paraît plus ou moins anéanti; le pont présente l'aspect d'un hôpital avec ses malades étendus sur des chaises-longues; la lecture même devient une fatigue! Aussi, la nuit, cherche-t-on quelque fraîcheur bienfaisante que semble ne même plus procurer la douche ou le bain.

Un peu de patience :... on nous promet un temps plus supportable au delà d'Aden. Espérons... Mais un petit accident de machine vient retarder notre marche de quelques heures; heureusement que se lève une brise qui va nous éventer un peu. Cherchons l'ombre et garons-nous du soleil avec soin.

Nous voilà à la hauteur de Djeddah, le port d'où l'on gagne La Mecque, la Jérusalem des musulmans. Poussant toujours droit vers le sud, on va encore rencontrer, chemin faisant, quelques îlots affreusement pelés, séjour de tristesse et de désolation, où il ne ferait pas bon d'imiter ce steamer échoué sur le sable que nous apercevons en passant. La perspective de se réfugier sur une de ces terres désertes, privé de tout, exposé au soleil sans le moindre abri, est peu réjouissante. Citer les îles ou îlots qui composent ces divers archipels nous semble dénué de tout intérêt; aussi poursuivons.....

Quelques heures après être passés devant Hodeidah, le port turc, point de départ de la route du Yémen, l'ancien royaume de la célèbre reine de Saba, nous atteignons le détroit de Bab-el-Mandeb, goulet de la mer Rouge dont le bouchon serait l'île de Périm. Ce point stratégique de si haute importance est, comme chacun le sait, aux mains des Anglais, qui y entretiennent une modeste garnison, si peu folâtre que plus d'un officier a cherché par le suicide à abréger son séjour dans cette retraite dont rien, paraît-il, ne saurait rendre l'horreur !

Pénétrant dans l'Océan indien, deux points de relâche s'offrent aux navires français : l'un anglais, la rade d'Aden, ce pittoresque rocher calciné, au sud de l'Arabie ; l'autre français, Djibouti, en Afrique, sur la baie de Tadjoura, ce port qui a supplanté Obock et auquel paraissent réservées de hautes destinées, comme tête de ligne du chemin de fer du Harrar, appelé à ouvrir, par prolongement, la voie commerciale d'Abyssinie. On comprendra que nous ne nous étendions pas devantage sur ce point, au sujet duquel de multiples considérations nous éloigneraient trop de la description de la route de nos colonies asiatiques.

Quand la navigation se continue belle, le désir de se distraire provoque d'ordinaire des fêtes, concerts ou bals, dont le but est de faire tomber quelque obole dans la caisse de la Société centrale des Naufragés, ou de l'œuvre si intéressante des Veuves et Orphelins des malheureuses victimes de la mer. Il est rare que l'on ne trouve pas des éléments divers pour arriver à un résultat satisfaisant. Je me rappelle pour ma part avoir assisté à certaines fêtes fort réussies, pour lesquelles le talent de chacun était mis à contribution. Il va sans dire que, dans ces cas, bien rares sont les personnes qui se refusent à faire preuve de bonne volonté (à défaut de mieux) pour une œuvre humanitaire et charitable. Ces fêtes à bord ont toujours un caractère de cordialité et parfois d'originalité dont on conserve d'ordinaire bon souvenir.

Un passage délicat dans ces parages, c'est le cap Guardafui, d'une triste réputation. Il a été le témoin muet de plus d'un sinistre. Cette côte des Somalis est du reste peu hospitalière, et un échouement, dans le cas où l'on atteindrait la terre, offre une perspective peu réjouissante si l'on est placé entre l'alternative de périr de misère ou de fournir par sa propre personne un plat d'*extra* à une tribu antropophage. La dernière terre africaine que l'on aperçoit est l'île de Socotora, placée sous le protectorat anglais... La situation était trop intéressante pour que les Anglais, en gens pratiques, aient négligé de s'en occuper.

Nous voilà maintenant en plein Océan Indien. A tribord comme à babord se montrent des poissons, dits volants, qui brillent au soleil; ils parcourent des distances atteignant parfois une centaine de mètres et même plus. Cet océan, capricieux, à la surface unie en belle saison, terrible aussi aux changements de mousson, réserve souvent de beaux couchers de soleil. C'est quand le disque solaire semble glisser derrière l'horizon dans une atmosphère bien transparente que l'on jouit du rare phénomène du « rayon vert »; cet éclat d'émeraude ne dure naturellement qu'un instant. Le ciel, il est vrai, est souvent nuageux, et les pluies ou orages sont assez fréquents à certaines époques; mais en principe l'humidité est grande, et l'on a comme un avant-goût de cette température anémiante du climat indo-chinois. La nuit, dans les profondeurs du ciel, brillent les innombrables étoiles et certaines constellations, invisibles sous nos latitudes, comme la fameuse Croix du Sud.

*_**

Une des escales les plus ardemment désirées, c'est sans conteste celle de Colombo, ce port de date relativement récente, situé au sud de la grande et magnifique île de Ceylan. Il n'est pas besoin d'insister sur cette position de tout premier ordre. On y voit des bateaux battant tous pavillons, paquebots de passagers de diverses nationalités, cargo-boats, grandes jonques, caboteurs, voiliers, etc.. Des chaloupes de toutes dimensions, embarcations, catimarans (frêles esquifs indigènes à balancier) semblent des mouches harcelant ces monstres à l'état de repos. Les communications avec la terre (tarifées du reste) ne manquent donc pas.

Une fois sur le « plancher des vaches », que presque tous sont si heureux de retrouver, on est assailli par les marchands de toutes sortes qui cherchent à vous attirer dans leurs boutiques, de joaillerie pour la plupart. Certains succomberont à la tentation des pierres de couleurs montées en bagues, en broches, ou en épingles ; mais qu'ils se méfient et ne craignent pas de marchander. Ce sont encore les cochers de ces voitures où les persiennes remplacent les vitres (les fameux malabar, que l'on voit dans tous ces pays). ou les conducteurs de plus modestes charrettes tirées par ces vigoureux petits bœufs à bosse, les zébus, ou bien encore ces bêtes de somme humaines qui s'attablent à de légers cabriolets (djurikishas) désignés plus communément sous le nom de « pousse-pousse »,qui vous font des offres de service.

Suivant la longueur de l'escale, on pourra monter à Kandy, l'ancienne capitale de l'île, en chemin de fer ; mais cela demande la journée ; ou aller au mont Lavinia en longeant le littoral sous les cocotiers, ou tout simplement faire une intéressante visite à la ville indigène, avec ses pittoresques marchés grouillant d'une foule toute nouvelle pour le débarqué, sans oublier le temple hindou et la pagode du grand Bouddha couché. La végétation exubérante avec ses cocotiers, ses manguiers, aréquiers, bananiers, arbres à pins et autres, charmera par la variété de ses feuillages et de ses fruits. A sa vue on s'expliquera que des gens aient été tentés de placer à Ceylan le Paradis Terrestre ; mais la réputation de l'île n'est plus à faire.

Colombo est le point de rencontre des courriers, et il n'est pas rare d'y trouver plusieurs paquebots portant pavillon français. Nous allons maintenant nous engager dans cette partie de l'océan Indien, qui est située entre Ceylan et la vaste île de Sumatra. Si l'on compte environ cinq jours pour la traversée entre l'Afrique et le continent asiatique, il n'en faut guère que trois à quatre pour relever la côte de la grande île néerlandaise, ou à son défaut les îles de Poulo Brass ou Poulo Waï, situées à environ 80 milles au sud de la grande Nicobar. Dans ces aprages on est aussi parfois secoué par une grande houle, comme cela m'est arrivé.

Si parfois l'on éprouve quelque fraîcheur dans l'Océan Indien, la chaleur et l'humidité reprennent généralement lorsque l'on s'engage dans l'entonnoir compris entre Sumatra et la presqu'île de Malacca. Les Anglais sont encore installés à l'orifice de ce passage, où une ville importante, envahie par les Chinois, a surgi; elle est du reste bien connue : c'est Singapoure.

Avant de l'atteindre, on longe pendant des heures et des heures la gigantesque Sumatra, et on croise d'ordinaire des bateaux et même des jonques aux hautes voiles rectangulaires.

Chacun connaît l'importance de Singapoure à tous points de vue. En dehors de sa belle rade, généralement meublée de navires de tous tonnages, elle offre aujourd'hui de vastes quais réservés aux paquebots des grandes compagnies. Malheureusement, les appontements sont à quelque distance du centre commercial, mais les moyens de transport ne manquent pas comme à Colombo.

Singapoure, comme toute ville qui se respecte, possède un musée et un jardin d'acclimatation; mais la promenade à ravers la ville chinoise, avec ses enseignes et ses grosses lanternes appendues aux devantures des magasins, intéressera davantage le voyageur, auquel ne sont accordées d'ordinaire que quelques trop courtes heures.

N'oublions pas d'ajouter que l'arrivée à Singapoure a un charme tout particulier avec sa navigation, non sans danger la nuit, au milieu d'une série de rochers, îlots et îles souvent couverts d'une abondante végétation. Le navire s'en rapproche parfois au point de distinguer les essences mêmes des arbres.

Jetons un dernier adieu à Singapoure et à sa belle rade, sur laquelle sont mouillés de nombreux navires de tous les pays, et armons-nous encore d'un peu de patience pour la dernière et courte partie du trajet qu'il nous reste à faire.

Rappelons pour mémoire que, si la Compagnie des Messageries Maritimes a une annexe, c'est-à-dire un bateau de correspondance à Colombo, desservant Pondichéry et Calcutta, elle en possède un autre qui met l'île de Java en communication avec Singapoure.

A la sortie de la rade, on côtoie encore quelques îles, puis on reprend le large pour atteindre la première terre française, l'île de Poulo-Condore, lieu de déportation pour les indigènes, que l'on ne touche plus aujourd'hui. Elle est située à environ cent milles de l'embouchure du Mékong.

Rien à dire de ces dernières heures d'une navigation qui varie suivant les saisons et est parfois fort désagréable aux changements de moussons. En principe, la température, comme dans l'Océan Indien, est des plus humides et chaudes, mais les nuits sont, en bonne saison, assez reposantes. A l'époque de ces pluies diluviennes des tropiques, on éprouve parfois une fraîcheur... relative, mais le ciel est encombré de nuages bas, et son aspect comme celui de la mer porte à la tristesse.

De loin, on aperçoit dans le jour les collines du cap Saint-Jacques, et de plus loin encore la nuit, quand brille le phare à longue portée qui prévient le navigateur de l'approche de la terre. Souvent on stoppe aussi dans la baie des Cocotiers, en face de la demeure balnéaire du gouverneur et de quelques modestes villas, en attendant l'heure propice pour la montée du fleuve, c'est-à-dire la marée. Le pilote vient à bord, et l'on s'engage alors dans le large estuaire du Donnaï, qu'il faudra suivre pendant plus de quarante milles pour atteindre Saïgon.

On avance avec une vitesse relative sur ce large fleuve aux rives plates, garnies de palétuviers et qui se replie en courbes très prononcées par endroits. Chemin faisant, on croise quelques chaloupes indigènes aux voiles triangulaires et l'on dépasse des pêcheries ainsi que des feux sur pilotis, tandis qu'à terre on laisse des balises indiquant le chenal. Toutes ces embouchures de grands fleuves asiatiques diffèrent peu du reste, il nous en souvient. Quelques arrajos collatéraux viennent mélanger leurs eaux à celle de cette maitresse artère fluviale. Laissant derrière soi des profils lointains de collines bleutées, bientôt on aperçoit la silhouette des flèches de la cathédrale, par-dessus les premières rizières. Sur la gauche, d'étranges constructions représentent les dépôts de sel, et à leur suite sont ceux de pétrole, tandis qu'à l'horizon les usines de Cholen encrassent le ciel de leurs fumées.

Mais enfin, nous touchons notre but. Notre paquebot passe au milieu de bateaux portant divers pavillons, dont trop d'étrangers malheureusement, et finit par se ranger au ponton des Messageries.

Tout le monde brûle du désir de mettre pied à terre, et bientôt chacun de se répandre en ville à la recherche d'un gîte. Il y a bien en effet plusieurs hôtels, mais certains jours, où il y a affluence de voyageurs, on a parfois de la peine à se loger. Ces hôtels se présentent généralement bien avec leurs cafés-restaurants largement ouverts sur la rive, et on y trouve un confort suffisant.

SAIGON

SAIGON

Saïgon, que beaucoup de gens connaissent déjà pour en avoir entendu parler, se présente bien, enfouie dans la verdure de ses jardins et de ses belles rues-avenues, ombragées agréablement et bien entretenues. C'est sans conteste un beau type de ville exotique, et elle fait la juste admiration de beaucoup. Elle est propre et gaie, et ses rues, où veillent de petits agents de police annamites coiffés d'un vaste chapeau blanc, présentent une grande animation, avec les allées et venues des pousse-pousse et des voitures. Dans certaines rues, la rue Catinat et autres, des magasins variés sont tenus par des Européens et surtout des Chinois, ces travailleurs redoutables. Ils sont épiciers, tailleurs, bijoutiers, et il faut voir avec quelle activité ces hommes au torse nu coupent, taillent, cousent, travaillent en silence entre les rares moments de repos où on les voit accroupis autour d'un grand plat de riz qui satisfera à bon marché leur appétit. C'est assez dire que le commerce est en grande partie entre les mains de la race jaune, et ausssi hélas! d'Allemands et d'Anglais! La ville est coupée aussi de places, sans intérêt du reste, ornées parfois de statues, comme celles de l'amiral Rigault de Genouilly, le créateur de la Cochinchine ; ou du vaillant Francis Garnier, le héros du Tonkin ; ou encore de Gambetta, un peu chaudement vêtu pour le pays.

Parmi les principaux monuments de cette cité française asiatique, on peut citer l'hôtel des Messageries fluviales de Cochinchine, sur le quai voisin du café de la Rotonde, rendez-vous très suivi surtout à l'heure néfaste de l'apéritif, ce redoutable ennemi du colonial; puis la cathédrale en briques coiffée de deux hautes flèches. Sur le côté de cette dernière est l'hôtel des Postes, au vaste hall bien et pratiquement agencé. En pendant est le cercle des officiers, nombreux avec les quelques milliers d'hommes que représente la garnison. Les troupes, disons-le out de suite, sont bien installées et d'une façon pratique et hygiénique. N'oublions pas le théâtre, où une troupe donne chaque hiver une suite de représentations (à ce sujet, un nouveau théâtre est en construction; on voit que Saïgon ne se refuse rien) et le palais du gouverneur. C'est là l'édifice le plus important, avec sa façade garnie de nombreuses baies cintrées. Il se dresse au milieu d'un beau parc bien entretenu et garni naturellement de toute espèce de spécimens variés de la flore exotique. A l'intérieur, il renferme une suite de pièces de réception, bureaux, salons, galerie de fêtes, etc., tandis qu'au premier étage sont les appartements privés du gouverneur. La majeure partie des services publics est centralisée là, quoique chaque corps spécial administratif ait son installation particulière en ville. Cela nous amènerait à parler de l'administration ; mais telle n'est pas notre intention : disons seulement que le gouverneur actuel, M. Doumer, s'est consacré sans réserve à la colonie qu'il rêve de faire grande et prospère. Des agents dévoués de tous grades le secondent (et nous en connaissons) mais malheureusement il en est certains qui ne sont que des budgétivores, plus nuisibles qu'utiles en certains cas.

Nous ne saurions aussi passer sous silence des édifices comme le palais de justice, le collège, le vaste hôpital et autres établissements, qu'il ne faudrait cependant pas chercher à comparer avec leurs frères d'Europe. Ils sont bien pour le pays, et cela suffit.

A l'entrée du port est l'arsenal avec un bassin de radoub. La marine est modestement représentée d'ordinaire par quelques bateaux d'importance secondaire, capables cependant de tenir encore haut le pavillon national, comme certains ont su le prouver, il y a quelques années, lors du forcement des passes du Meïnam, ainsi que nous le verrons tout à l'heure.

Mais c'est aujourd'hui le premier novembre, la Toussaint. Aussi ce matin, l'église était-elle pleine à la messe de huit heures, et il fallait voir les costumes blancs attendre la sortie des élégantes; car les dames font de la toilette ici comme en France, et la coquetterie leur fait parfois oublier les précautions les plus élémentaires à prendre dans ces pays où une imprudence, ou même une simple négligence peut parfois coûter cher. Elles ont ainsi, pour la plupart, le tort de vouloir conserver les élégants chapeaux sortis des mains de la modiste, alors que le casque protecteur devrait être la seule coiffure usitée. Elles objectent l'usage de l'ombrelle, mais ce ne sont pas ces légères ombrelles d'Europe qui peuvent offrir une protection suffisante. Quitte à attirer sur nous les foudres de nos aimables coloniales, je tenais à signaler leur imprudence, dont elles sont, hélas ! trop souvent les victimes. Quant aux coloniaux, on les a trop souvent traités de buveurs d'absinthe et d'alcooliques, et il nous a paru sévère de faire une règle générale d'après des exceptions. Sans les poser comme des modèles de vertu, disons que, si on peut parfois les taxer de paresse, ils sont bien un peu excusables : j'en appelle à tous ceux qui ont séjourné quelque temps sous ces rudes climats.

Une de nos premières visites a été pour le vénérable pasteur qui dirige le troupeau spirituel des catholiques. Le prélat nous a très amicalement reçus, et nous avons été heureux d'apprendre de sa bouche la bonne et prospère situation des missions françaises. Il ne faut pas oublier que nos missionnaires ont été les pionniers des premiers jours et les auteurs involontaires de notre implantation nationale dans ces pays d'Extrême-Orient. Ils ont été la cause de notre introduction dans ces régions, où ils étaient venus pacificateurs conquérants, convertissant les infidèles aux saines et vraies doctrines.

Saïgon est peuplé d'environ trois mille Européens, dont quelques centaines de personnes appartenant au commerce. Celui-ci, fort important, est représenté par une dizaine de maisons sérieuses, en tête desquelles on trouve malheureusement des Allemands. A la suite viennent une cinquantaine de maisons d'importance secondaire, et enfin on compte plus d'une centaine de négociants divers. Je n'entrerai pas ici dans des chiffres de statistique, instructifs il est vrai, mais qui pourraient peut-être effrayer le lecteur qui a bien voulu nous suivre. Il y a donc ici comme ailleurs une classe riche ou tout au moins aisée, sans parler de certains fonctionnaires grassement rétribués ; aussi est-il fait étalage de quelque luxe, comme celui de la voiture, ainsi qu'on peut s'en rendre compte au défilé de chaque soir à la promenade de l'Inspection. On y voit des victorias ou de modestes charrettes ou paniers, toujours attelés de petits chevaux, les seuls employés ici. Les livrées sont modestes, mais quelques-unes affectent des prétentions quelque peu ridicules ; il me souvient de vêtements blancs complétés par des bottes à revers ou autres fantaisies. Rappelons, au sujet du service, qu'il est fait par des « boys » ou garçons annamites ou chinois, auxquels sont alloués de très modestes gages, en rapport, il est vrai, avec le travail très modéré qu'on peut exiger d'eux.

Avant de quitter Saïgon, dont nous reparlerons du reste au cours du voyage, le lecteur permettra au voyageur de l'entretenir quelque peu des questions techniques et instructives.

Sans entrer dans les détails géographiques, je rappellerai la situation de la Cochinchine au sud de nos possessions d'Indo-Chine. Sa superficie, d'environ soixante mille kilomètres carrés, représente les onze centièmes environ de la France, et sa population se chiffre approximativement par 2,300,000 habitants, de race annamite pour la majorité, quoique l'élément chinois commence à compter. Les Européens, quelques milliers au plus, sont quantité négligeable. C'est une région plate, abondamment arrosée par des fleuves comme le Mékong, le Donaï et leurs affluents. Les cultures sont variées, mais la principale, et qui prend chaque jour plus d'importance, est celle du riz. Elle occupe les trois quarts du sol cultivé, soit environ un million d'hectares, chiffre encore bien faible à côté des terres sans emploi. Aussi cette culture est-elle le principal revenu de la colonie (dix millions de francs environ), si l'on songe que le budget de la Cochinchine est de 35 à 40 millions.

Ce serait sortir de notre cadre que d'entrer dans des détails de statistique économique, pour lesquels je renverrai le lecteur aux études spéciales que le public est à même de consulter. Ajoutons cependant qu'au point de vue industriel, en dehors des industries locales indigènes, il existe des rizeries ou usines à décortiquer le riz, surtout à Cholon, comme je l'ai déjà signalé. Un commerce important, c'est celui du poivre, qui se chiffre par plusieurs millions. Enfin, on aura une idée du mouvement commercial de Saïgon, quand on saura que, durant les cinq dernières années, le tonnage des bateaux, tant à l'entrée qu'à la sortie, a dépassé 600,000 tonneaux, avec plus de cinq cents navires.

Terminons en disant que la population de Saïgon dépasse 30,000 âmes, et celle de Cholon 130,000 âmes. Je reparlerai aussi de cette dernière et curieuse cité, presque entièrement chinoise.

Pour l'instant, je reprends mon carnet de route...

2 novembre. — Ce matin, la messe des Morts nous rapproche de nos chers défunts. C'est un culte cher que celui des des morts, qui évoque parfois plus d'un doux souvenir; mais n'insistons pas sur un sujet qui ferait sourire les trop nombreux sceptiques de notre époque d'incroyance...

Dès huit heures, nous étions chez le gouverneur général, M. Doumer; il était déjà au travail et nous reçut aussitôt de la façon la plus aimable, nous retenant déjeuner. Ce n'est pas à nous qu'il appartient de discuter l'œuvre de celui auquel la France a confié le soin d'administrer son vaste domaine asiatique. Constatons seulement que tous s'accordent à reconnaître en lui un actif et laborieux administrateur. Durant le cours du repas, il nous entretint de ses projets de chemin de fer dont il a voulu doter l'Indo-Chine, ajoutant qu'il pourrait alors se retirer ayant accompli sa tâche... Mais, verra-t-il seulement l'inauguration du premier tronçon de ce vaste réseau qu'il a conçu ? D'humeur très vagabonde et voulant tout voir, ne s'en fiant qu'à lui-même, M. Doumer est souvent en route, et séjourne rarement plusieurs semaines de suite au même endroit. Nous avons fait aussi la connaissance du colonel Tournier, un brave officier doublé d'un administrateur précieux, à qui est confiée la direction du vaste territoire laotien.

Dans le courant de l'après-midi nous prenions passage à bord du *Donaï*, un bateau des Messageries fluviales de Cochinchine, la compagnie de navigation dont la direction a été donnée à M. Simon, le distingué lieutenant de vaisseau à qui l'on doit l'hydrographie du Mékong. Notre bateau, quoique d'un modeste tonnage, file encore ses onze nœuds à l'heure et offre un confort suffisant ; la cuisine n'y est même pas mauvaise. Equipage et personnel sont annamite et chinois. Les voyageurs sont rares, cela va sans dire, et le chargement consiste surtout en gueules de fonte,.... pour faire lest. Il est vrai que c'est le courrier postal et que la Compagnie touche une subvention.

Disant au revoir à Saïgon, nous laissons au loin les silhouettes bleutées des collines de Mytho et de Bien-Hoa, dépassons des sampans aux voiles capricieuses, et doublons le cap Saint-Jacques pour prendre le large.

3 novembre. — A la pointe du jour apparaissent les îles de Poulo-Condore, rochers, îlots et îles au nombre de huit, et nous mouillons, par douze mètres de fond, dans la belle rade circulaire située au N.E. de la grande île, aux côtes déchiquetées garnies de verdoyantes falaises, et ne mesurant pas moins de trente-trois kilomètres de tour. Une vieille chaloupe à vapeur remorquant un chaland vient prendre quelques caisses. La population, en dehors des condamnés annamites, ne se compose que de quelques personnes, fonctionnaires, officiers et docteur. C'est là une retraite bien solitaire et l'on n'a de communication avec la terre que chaque quinzaine, par le courrier de Saïgon. A la fin du jour, nous doublons l'extrême pointe de Cochinchine et les sentinelles avancées des îles de Poulo Obi (deux rochers en forme de chapeau de gendarme). Le ciel s'embrase des rayons du soleil couchant comme en un immense incendie.

4 novembre. — A la journée pluvieuse d'hier, nous prouvant que la saison des pluies n'était pas complètement finie, succède un jour agréable. A l'aurore, nous faisons escale dans la baie de Hong-Kong, qui, avec sa garniture de rochers, îlots et îles boisés, d'aspect pittoresque, rappelle un peu la célèbre baie d'Along. On n'en compte pas moins d'une trentaine appartenant au même groupe. Deux Européens sont les seuls hôtes de ce gracieux site, intéressant par le poivre que l'on récolte dans le voisinage. La navigation se poursuit à travers ou non loin d'autres îles. On laisse ainsi au nord la grande Phu Quoc au delà de laquelle se profile la terre ferme. Un bloc de rochers, que l'on frôle presque, rappelle assez la silhouette de Napoléon Ier avec le petit chapeau. Plus loin l'île de Sam-Lem offre un bon mouillage. Toutes ces îles boisées renferment, paraît-il, du gibier rarement dérangé par les chasseurs. A cinq heures, nous atteignons la pointe Samit. Là réside, solitaire, un employé de la douane pour surveiller la contrebande.

5 novembre. — Après une nuit de navigation, notre bateau vient mouiller à l'entrée de la rivière sur laquelle est situé Chantaboum, à une vingtaine de kilomètres. Le site est gracieux ; à portée de la main est une presqu'île boisée portant un poste optique installé par nos soins ; à côté, deux pièces d'artillerie siamoises ont été réduites pour jamais au silence. Nous recevons à bord quelques visites, parmi lesquelles celle du vaguemestre et des officiers de détachement placé à Pak Nam, comme avant-poste du petit corps d'occupation laissé à Chantaboum à la suite de nos démêlés avec le Siam. Le vapeur siamois qui fait le service une fois la semaine vient mouiller non loin de nous ; il a l'air assez piteux ; sur la rive droite nous apercevons le modeste clocher d'une chrétienté. Nous apprenons avec plaisir que nos braves soldats n'ont pas trop à se plaindre de leur station en territoire litigieux.

La journée s'écoule superbe, la température s'étant rafraîchie par une brise de N.-O. La côte reste toujours en vue, avec ses accidents montagneux, dont certains atteignent 700 et même 900 mètres. Rappelons que c'est à une centaine de kilomètres au nord que sont situées les mines d'or de Watana. Une suite d'îles ou de modestes rochers garnit le littoral ; sur l'un d'eux, un phare siamois marque l'entrée du fond du golfe.

Après avoir joui encore ce soir d'un

fantastique coucher de soleil, véritable débauche de palette, colorant la mer des tons les plus variés, nous venons jeter l'ancre en vue du phare qui marque l'embouchure de la Me Nam (la mère des eaux), le grand fleuve siamois. Là se place un souvenir historique fameux : la brillante conduite de nos marins sous les ordres du commandant Bory, avec deux petits bateaux de guerre, traîtreusement reçus à coups de canons. On n'a pas oublié le forcement de la passe par l'*Inconstant* et la *Comète*, guidés par le *Jean-Baptiste-Say* (des Messageries fluviales), sous le feu des forts et bateaux siamois, et malgré les obstacles semés sur leur route. Le 13 juillet 1893, ils mouillaient à Bangkok en vainqueurs ; malheureusement, tant de bravoure ne devait servir à rien... et la France ne tirait aucun profit de cet exploit.

BANGKOK

BANGKOK

Au jour, nous levons l'ancre et passons la barre avec quatre mètres d'eau pour nous engager dans le fleuve. Bangkok est à une trentaine de kilomètres; mais avant, au milieu d'une véritable flottille de sampans et de jonques, on atteint Pak Nam, où il faut laisser monter des douaniers à bord. Dans la rivière, au ras de l'eau, se trouvent l'îlot fortifié et une pagode avec son pnom ou sa dagoba (en forme de cloche). Les rives se rapprochent, verdoyantes, cachant des cases espacées. Bientôt les groupes d'habitations se succèdent, les embarcations se multiplient, de toutes formes et importances, grandes jonques, dont peu, malheureusement, sont de construction récente, sampans porteurs de grains, de fruits ou matériaux divers. Les embarcations à rames sont manœuvrées par des bateliers debout comme les gondoliers de Venise. Le rideau d'arbres se poursuit à droite et à gauche; en décrire la variété exotique serait superflu, tous les échantillons de la flore tropicale semblent lutter à l'envi, et le lecteur les connaît, pour partie du moins. Mais de hideuses cheminées d'usines apparaissent; ce sont des décortiqueries de riz ou des scieries, puis des hangars trop modernes; heureusement que la végétation n'a pas perdu ses droits et sauve le paysage. Tel est le premier aspect de la grande cité siamoise, qui s'étend pendant des kilomètres au long du fleuve. On ne saurait se faire une idée de l'intensité de vie qui règne sur la **Me Nam**, avec les innombrables chaloupes allant et venant, tandis qu'au milieu sont mouillés quelques bateaux anglais ou autres.

Le *Donaï* vient jeter l'ancre devant l'Oriental-Hôtel, asile prétentieux, où le voyageur trouve un abri plus ou moins confortable, à des prix relativement peu modérés. A côté se dresse le pavillon tricolore de la légation de France, tout proche l'hôtel des Postes et la douane, entre les mains des Anglais.

Les étrangers, on le sait, se trouvent ici dans les diverses administrations du

Siam, mais malheureusement les Français sont en petit nombre et perdent plus de terrain qu'ils n'en gagnent à tous points de vue. On compte quatre à cinq cents Européens, dont le groupe le plus important est représenté par nos vaillants Pères des Missions Etrangères. A leur tête est un digne évêque, chargé de conduire les nombreux milliers de néophytes recrutés par les porteurs de la bonne parole depuis de longues années déjà. Les chrétientés sont nombreuses, du reste, au Siam, et très prospères pour la plupart; malheureusement, elles ont à lutter contre le mauvais vouloir et parfois les mesures arbitraires des mandarins et de la cour elle-même. C'est ainsi que, présentement, les autorités siamoises, non satisfaites d'entraver leur œuvre, cherchent même à les déposséder. Ah! s'il s'agissait de missions protestantes, les Anglais se désintéresseraient-ils ainsi des affaires des leurs?

Les Pères ont créé un collège prospère (de l'Assomption) qui est le seul établissement sérieux d'instruction au Siam. Il ne compte pas moins de quatre cents élèves et on y enseigne en anglais, siamois et français. Des représentants de races diverses s'y trouvent côte à côte. On n'a pas oublié, en effet, que la population du royaume, qui compte environ six millions d'habitants, se compose de divers éléments; à côté de deux millions de vrais Siamois on trouve un demi-million de Cambodgiens, à peu près autant de Laotiens, des Chinois par centaines de mille, des Malais, Birmans et autres. Ce sont là des diversités de races bien faites pour amener peut-être plus tard une désagrégation du pays. Les missions catholiques, ajoutons-le, ont construit plusieurs églises ou chapelles, dans certaines desquelles l'architecte a voulu (à tort, à notre avis) rappeler le style bizarre du pays.

Au point de vue commmercial, Bangkok est un centre sérieux d'importation comme d'exportation, malheureusement ce n'est pas entre des mains françaises que se trouvent les principales maisons. Ici aussi, les Allemands cherchent à supplanter les Anglais. Quant aux produits manufacturés et objets de consommation de fabrication française, ils sont, comme on l'a souvent dit et répété, d'un prix de revient trop coûteux; aussi n'en voit-on que de rares échantillons dans les magasins où vont s'approvisionner les Chinois, avec lesquels on ne saurait songer, en général, à traiter directement. La question de crédit joue un grand rôle, comme on sait; or, la difficulté est grande en ces pays pour connaître le degré de solvabilité des négociants, détaillants surtout.

Néanmoins, cela ne veut pas dire qu'il n'y a rien à faire, bien au contraire;

seulement, il faut songer surtout à agir avec discernement et n'envisager que la possibilité de grosses affaires. Une maison de toute première marque de la place ne possède ainsi pas moins d'une vingtaine de navires... Mais je ne saurais m'étendre davantage sur ce sujet, car il exige un développement qui ne peut trouver place dans un modeste récit de voyage. Ajoutons que quelques Français intelligents ont su se créer néanmoins une place et écouler certains de nos produits, comme vins, liqueurs, conserves, etc., prisés par la noblesse siamoise. Des articles plus modernes ont réussi également, comme la bicyclette. Le roi y montant, la suite, hommes et femmes, se sont mis à y monter. A bientôt l'automobile ! Du reste, Bangkok possède déjà son tramway électrique, dont les conducteurs fument le cigare et portent des bijoux ! Il dessert la New Road, la seule rue à proprement parler, laquelle est de plus éclairée à la lumière électrique, comme quelques autres voies embryonnaires. On poursuit, en effet, les travaux de la voirie, encore tout à fait en enfance ici.

Comme moyen de transport on trouve des pousse-pousse, quelques malabars et des calèches toujours attelées de minuscules chevaux. Ces dernières se louent pour plusieurs heures à la fois moyennant quelques ticaux (le tical vaut 1 fr. 50.)

Sur le fleuve, ce sont de modestes pirogues, ou sampans, ou des embarcations à vapeur d'une location assez coûteuse.

Nous avons vu l'aspect général de la ville, si l'on peut donner ce nom à cette agglomération considérable de huttes dont beaucoup sont sur pilotis, le sol, en maints endroits, étant recouvert par les hautes eaux; pénétrons dans l'intérieur. C'est d'abord le quartier moderne, où résident les étrangers, pour la plupart occupant des villas entourées de jardins. Certaines, comme les résidences des représentants des grandes puissances, sont vastes et spacieuses; les autres, plus modestes. Dans le voisinage sont situées l'agence des Messageries, la succursale de la Banque d'Indo-Chine, qui a, comme la Chartered Bank et la Hong Kong Bank, le droit d'émission de billets de banque.

Mais le touriste, amateur de pittoresque, trouvera plutôt son compte dans le quartier chinois de Sam Peingh, où grouille toute la ville indigène avec ses bazars, ses marchés, ruelles étroites, sortes de souks, parfois couvertes ou tout au moins abritées par endroits au moyen de nattes ou de toiles jetées en travers. Énumérer ces boutiques variées, serait superflu; on trouve là de tout, depuis des denrées jusqu'à des étoffes et de la bijouterie. Mais, pour changer, on peut dire que c'est toujours la même chose (ceci s'adresse aux personnes qui ont déjà quelque peu voyagé, surtout en Orient). On voit là aussi des barbiers avec le petit baquet servant de cuvette, des fabricants de ces jolies et transparentes lanternes chinoises, des teinturiers. Par endroits ce sont des sécheries de poissons, car on est à proximité du fleuve ou d'un arroyo où vit sur l'eau toute une population que j'allais qualifier d'amphibie. On assiste là à de curieux spectacles, sur lesquels il ne faut pas insister, par exemple, au point de vue de la propreté !

Il y a là aussi des fumeries d'opium, des maisons de jeux autorisées par l'Etat pour lequel elles sont d'un revenu d'environ 80 millions, chiffre respectable. En dehors de l'impôt foncier, le Siam a encore comme principale resssource les droits d'entrée, qui sont de trois pour cent (d'après production de facture) sur les articles divers, et de cinq pour cent sur les liquides (vins, etc.). A ce sujet notons que l'on vend ici un soi-disant cognac à moins d'un franc la bouteille ! Ceci se passe de commentaires. Le jeu, auquel se perdent parfois des sommes assez considérables, est le bacouan, il consiste en un tableau de quatre numéros sur lequel se font les mises. Le croupier compte une poignée de coquillages prise au hasard, qu'il distribue par petit tas de quatre, et c'est le chiffre correspondant au nombre de coquillages lui restant dans la main, le dernier tas établi, qui est le numéro gagnant. Il y a aussi le jeu des dés, de la boule à deux couleurs, et autres fort simples du reste. Je pourrais aussi citer les petits restaurants ambulants et autres petits commerces, mais on n'en finirait pas.

Nous n'avons vu jusqu'ici que divers quartiers de Bangkok, mais la ville royale à proprement parler, enfermée dans une vaste enceinte percée de portes, est située plus au nord, au delà d'un important arroyo. On y trouve diverses pagodes des plus célèbres, comme la Wat-Po et le Palais-Royal lui-même avec sa blanche muraille crénelée. Sur la face principale, qui se dresse devant une pelouse de quelques centaines de mètres de longueur, bordée par les casernes et l'Ecole Militaire, ainsi qu'un palais qui récemment abrita M. Doumer, se remarque la tribune royale, sorte de bâtiment long, percé de baies rectangulaires, sans cachet du reste, et flanqué de deux portes surmontées de pyramidons. Derrière, on aperçoit les toits multicolores et superposés, aux coins relevés en corne et coiffés d'une flèche aux multiples étages, de la salle du Conseil et du Trône. Sur le côté, le palais privé est surmonté de trois pyramides étagées, me rappelant les flèches birmanes qui sont venues souvent sous ma plume dans l'ouvrage que j'ai consacré à la Birmanie (1). A la suite, les pagodes de Prakang et de Prakéo montrent leurs toitures de couleur bleue, jaune et orange, flanquées de flèches et pyramidons multicolores. A côté se dresse également une pointe dorée. Tout cela forme un joli et original décor. Enfin, un mât portant le pavillon royal s'élance fièrement ; le soir, l'oriflamme est, paraît-il, remplacé par une lanterne et un balai (pour chasser les mauvais esprits, sans doute, ainsi que la corde accrochée aux créneaux tout dernièrement encore).

Tout proche du Palais-Royal sont des jardins particuliers appartenant à des princes, un musée même et une curieuse pagode aux pyramidons dorés donnant sur un canal ; elle porte le nom de Ratbopit. Une des grandes et belles pagodes de Bangkok, qui en compte environ deux cents de dimensions diverses, occupant, paraîtrait-il, le cinquième de la superficie de la ville, c'est certainement la Wat-Po (wat signifiant pagode). Très importante, elle est conçue dans un plan régulier et entourée d'une enceinte régulièrement percée de portes. Ce sont d'abord des bâtiments divers à usage de logement pour les deux cent cinquante bonzes desservant la pagode (il y en a

---

(1) *Au Pays des Pagodes et des Monastères : en Birmanie,* par E. Gallois. — Delagrave, libraire.

eu jusqu'à six cents); puis des pyramidons revêtus de mosaïque grossière, de faïences multicolores, ainsi que de motifs bizarres présentant des scènes champêtres avec animaux en ciment groupés autour d'arbres, banians et autres. Des chapelles diverses se dressent dans cette première enceinte ; on en compte environ une demi-douzaine, puis deux cloîtres grillagés renferment des Bouddhas dorés revêtus pour la plupart d'écharpes de couleur. Enfin, au centre, se dresse le sanctuaire, avec toiture double soutenue par des piliers carrés extérieurs et intérieurs ; trois portes y donnent accès. Intérieurement, le temple est revêtu de peintures assez grossières ; l'une d'elles représente la vie de Bouddha. Au fond se trouve sur une estrade la statue dorée dans la pose classique extatique (les jambes croisées sous lui) que l'on connaît bien. Elle est surmontée du parasol, emblème du commandement. Devant sont des ex-voto, vases, fleurs, pendules, (on en compte plusieurs de modèles différents) et autres objets. Les talapoins (ou bonzes) de talapat (l'écran qu'ils portent avec eux, complément de l'étoffe jaune, leur seul vêtement, la tête étant nue et rasée) marmottent leurs prières, accroupis sur des tapis et mâchant le bétel, pour lequel ils ont à leurs côtés des..... crachoirs. Le sol est dallé en marbre gris, et au plafond sont suspendus des lustres. Derrière le sanctuaire s'élèvent trois pyramides-flèches aux revêtements de faïence, et en retrait une quatrième aux décors bleus. Derrière est un cloître où Bouddha est représenté debout, la main relevée, la paume en avant, dans l'attitude de la paix. Une curiosité de ce temple, c'est le grand Bouddha couché. Par une étrange bizarrerie, on trouve là des divinités et des dragons chinois, entre autres endroits aux portes, et qui détonnent dans cet ensemble. Le monument, vrai type de pagode, ne daterait que de 60 ou 70 ans. Il ne faut pas oublier, en effet, que Bangkok n'a qu'un siècle de date.

Nous avons déjà une idée générale de la ville, on peut ajouter qu'elle est en voie de transformation et s'améliore de jour en jour. Les incendies, en accomplissant leur œuvre funèbre, ont aidé à cette amélioration en faisant disparaître des coins infestés ; ainsi, des règlements sont intervenus dans les constructions, pendant qu'on perçait des voies nouvelles et qu'on cherchait à donner un plan à la ville, qu'on songe même à doter d'une distribution d'eau. Elle a bien déjà, il est vrai, l'éclairage électrique sur deux ou trois voies, et le téléphone.

Au nord de la ville, s'ouvre un quartier neuf : Samp-Seng, où le roi crée un parc et compte se faire construire un palais.

Il fait aménager des petits pavillons avec jardin pour ses épouses favorites. Le roi de Siam n'a pas moins, en effet, de quatre cents femmes, et il compte une monstrueuse progéniture (une centaine d'enfants). Tout ce monde vit sur la cassette royale, qui n'est autre que les revenu du pays. Le roi est, en effet, tout puissant dans toute l'acception du terme; il a droit de vie et de mort sur ses sujets, fait ce que bon lui semble, confisque les biens de qui lui déplaît, etc... On comprend les conséquences de cette situation politique pour un Etat appelé évidemment à disparaître prochainement ; mais ne nous lançons pas dans des considérations que nous réservons pour plus tard...

Cette situation a inspiré plus d'une fois des craintes aux Européens, aussi les Anglais en ont-ils profité pour faire venir deux mille hommes (indiens dévoués) pour faire la police. C'est assez dire le pied qu'ils ont dans le pays.....

Mais poursuivons la visite de Bangkok et la description de ses principales pagodes, les seuls monuments réellement intéressants.

Sur la rive droite, à la hauteur de la Wat-Po, dans un quartier délaissé, se dressent fièrement, dans l'entourage de misérables demeures de talapoins, les flèches-pyramides de la Wat-Theng. On en compte cinq, dont une centrale fort haute (une cinquante de mètres au moins). Elles sont formées de terrasses superposées, puis sont comme cannelées. On y accède par des degrés escarpés, munis heureusement de rampes de fer. Le sommet, arrondi, se termine par une sorte de paratonnerre à plusieurs branches. De là haut, la vue s'étend superbe sur la bouche du fleuve et la ville noyée dans la verdure. Devant soi, les flèches du palais royal et les chapelles et pyramides élancées de la Wat-Po découpent sur le ciel leurs bizarres silhouettes. A côté un cloître éblouissant de blancheur abrite plus d'une centaine de Bouddhas dorés, alignés au long du mur, tandis que devant se dérobe comme en une bizarre procession une suite originale de figures à pied ou montées sur des animaux fantastiques; enfin au centre, entouré d'une balustrade formée de dragons chinois, est le sanctuaire avec son soubassement et ses fenêtres décorés de mosaïques, de verroteries rehaussées d'or. A la porte extérieure semblent veiller deux gardiens drôlatiques, figures en couleur, de plusieurs mètres de hauteur.

Un autre monument dont on a déjà parlé souvent, c'est la Wat-Saket, enceinte carrée avec cloître banal où l'on jetait jadis les cadavres livrés aux oiseaux de proie; depuis trois ans, ces spectacles d'autres âges ne sont plus offerts aux chercheurs de pittoresque et aux curieux. Ce lieu est aujourd'hui le four crématoire. On y brûle, en effet, les corps. Pour les princes et les gens riches, le bûcher est érigé sur une plate-forme avec toiture, et des lampes électriques éclairent la cérémonie, dont le prix moyen serait d'une centaine de ticaux (environ cent cinquante francs); il est vrai que l'on peut supplémenter tout comme chez nous. Sur le côté sont des lieux de crémation plus modestes. A quelques pas, de vieilles pagodes semblent les chapelles du lieu, qui n'offre pas les tristes consolations de nos champs de repos, où l'on peut encore venir prier là où reposent celles et ceux que nous avons aimés.

En face, sur une colline (factice, paraîtrait il), aux blocs rocheux cachés sous la verdure, se dresse le Mont-d'Or, avec une modeste pagode surmontée de la pyramide-cloche, vrai type de la dagola bouddhique. Un escalier circulaire de plus de trois cents marches conduit à la plate-forme, de laquelle on jouit d'un panorama étendu sur la ville et les environs. Au pied un vaste couvent abrite des centaines de talapoins.

On n'en finirait pas s'il fallait décrire toutes les pagodes, dont beaucoup se ressemblent du reste. Parmi les principales on peut encore ranger la Wat-Samplum avec sa pyramide entourée d'une série de pyramidons, et dont les abords nous ont paru être le dépotoir du quartier chinois dans lequel elle se trouve située. A proximité, une sorte de bassin sert d'asile à des crocodiles pour la distraction des passants. Là, comme un peu partout, nous rencontrons des gens tatoués en bleu de la façon la plus fantaisiste, sur les cuisses le plus généralement, ce que cache le sampot ou culotte. C'est la seule partie du costume, du reste, que les Siamois semblent vouloir le plus difficilement quitter. Dans la classe aisée ils portent nos chapeaux, vestons, bas, souliers, ainsi que les femmes, lesquelles depuis quelques années se cachent la poitrine autrefois à nu. Il n'est pas douteux qu'ils prendront aussi la culotte et le pantalon à un moment donné.

A diverses reprises nous avions bien vu le Palais, mais nous attendions impatiemment l'occasion d'y pénétrer; elle s'est présentée sous la forme d'un avis de la légation de France nous prévenant que l'on nous attendait au Palais. Un attaché au ministère des affaires étrangères nous pilota, en effet, fort aimablement dans la partie du Palais que l'on laisse visiter.

La véritable curiosité est la Wat-Prakéo, importante pagode, pour la description de laquelle il faudrait un volume spécial. J'essaierai d'en donner une idée. Comme plan général, elle représente un vaste parallélogramme aux côtés inégaux, avec un cloître où sont peintes en fresques, détériorées du reste dans la partie basse, des scènes diverses, imaginaires. Il enclôt des chapelles d'importances variée, des plus fantaisistes pour certaines, avec des couronnements en dômes-flèches ou pyramides plus ou moins élancées. La plupart également sont élevées sur des terrasses décorées de pyramidons ou ornements variés. Le tout est rutilant d'or ou éblouissant de couleurs à l'infini. C'est d'une grande richesse, mais d'un goût pour lequel je me permettrai de faire toutes mes réserves. Ces chapelles renferment des autels à Bouddha, dont l'un est des plus luxueux (il y a là une petite figurine taillée dans une émeraude). On y voit aussi des ornements accessoires, comme on l'a déjà vu ailleurs, pendules, vases, fleurs, etc.. Certains sanctuaires abritent des dagobas. Au milieu de ces édifices, des arbres mettent leur note de verture, comme des petits autels séparés forment des motifs divers. Une pyramide toute dorée rutile au soleil. Semée dans cet ensemble, et faisant comme un cordon ininterrompu, est une série de personnages, naïvement sculptés, voulant figurer des types des nations multiples du globe. Remplaçant le « ti », ornement garni de clochettes, juché au haut des flèches birmanes, des ornements métalliques sont accrochés au pourtour des toitures, tintant sous le souffle du vent. Enfin des géants multicolores flanquent les portes de l'enceinte.

Quant aux célèbres écuries des éléphants blancs, ce sont de misérables hangars, où l'on peut voir quelques-uns de ces pachydermes, un peu décolorés surtout sur la tête (c'est là un phénomène peut-être rare, mais d'un intérêt bien médiocre).

Je n'ajouterai rien au sujet des constructions aperçues dans l'enceinte royale, vu leur aspect insignifiant, et ne pourrai rien dire de la princière résidence, n'ayant pas eu l'honneur d'y être admis.

Le dimanche, la promenade consiste à aller faire un tour en voiture (les gens haut placés ont leurs attelages de chevaux australiens), et à entendre la musique militaire, qui joue devant le palais vers cinq heures. C'est également l'heure de sortie du monde princier, et on assiste alors à un curieux et quelque peu grotesque défilé de voitures, conduites par des cochers casqués à livrée rouge, et qui renferment des princesses jeunes et vieilles, et on pourrait ajouter laides. Elles sont escortées par des cavaliers montés sur des poneys et surtout par une suite originale et bizarre de bicyclistes, jeunes princes, princesses et serviteurs, affublés des costumes les plus cocasses. A voir certain de ces minuscules personnages on se croirait transporté au cirque Corvi, où je me rappelle, étant enfant, avoir vu des singes habillés se cramponnant à des chiens qu'ils montaient en cavaliers. Parmi les personnages de marque, je me rappelle avoir croisé des fonctionnaires européens et le célèbre amiral siamois de Richelieu. A ce sujet je réserve pour plus tard une étude sur la situation du Siam et l'intérêt que peut présenter le pays...

Au point de vue pittoresque et artistique, il n'est pas besoin de dire qu'un séjour à Bangkok est une source abondante d'études de toute nature; peintres, ou plus modestes photographes, y trouveront leur compte comme les littérateurs et les poètes. Si l'aspect de la ville indigène, avec ses paillottes à moitié cachées dans les touffes de bambous et les bananiers aux larges feuilles, charme l'œil de l'étranger, que dire de la rivière et des nombreux arroyos et canaux où grouillent les jonques, sampans, simples pirogues creusées dans un tronc d'arbre, avec toute leur population amphibie? C'est par milliers qu'on les compte, et il faut voir ces gens grands et petits se baignant, s'ablutionnant, se livrant à toutes les fonctions domestiques en leur exiguë demeure. Si le spectacle est intéressant sous la lumière vibrante du soleil ou lorsque la lumière plus douce est estompée par des nuages, que dire alors à l'heure du coucher du soleil, avec ses colorations merveilleuses, surtout lorsque l'on monte ou descend la rivière, voyant défiler les rives en silhouettes s'éclairant aux approches de la nuit ?

Un dimanche à Bangkok, au point de vue religieux, n'offre rien de particulier ; indigènes et métis se mêlent aux Européens pour venir adorer le Tout-Puissant. Néanmoins, nous ne saurions oublier la douce émotion que nous avons ressentie en entendant les chants religieux qui nous rappelaient la patrie lointaine. Le lecteur préférerait la description de quelque fête religieuse bouddhique, mais malheureusement nous n'avons pas eu la bonne fortune de pouvoir assister à l'une d'elles durant notre séjour à Bangkok ; il est vrai que, malgré cela, nous aurons rapporté de bien intéressants souvenirs de ce pays, dont on a déjà beaucoup parlé et dont on reparlera certainement sous peu, car un avenir prochain amènera vraisemblablement des événements dont on ne saurait prévoir les conséquences.

Bangkok possède encore son musée, modeste, il est vrai, mais très proprement tenu et bien organisé. Sans faire le catalogue de ce musée, je me permettrai de le parcourir rapidement pour faire voir ce qu'il est. Quelques animaux empaillés et un éléphant en carton (dans un pays où il n'en manque pas pourtant) encadrent une collection ornithologique et des spécimens variés de la faune du pays. Des séries minéralogiques et autres comme une collection de coquillages avaient leur place tout indiquée ; elles ne sont pas non plus sans intérêt. Des modèles de bateaux représentent l'art de la construction nautique. Des équipements militaires, échantillons d'étoffes, garnissent des vitrines, ainsi que des types de vases en cuivre et porcelaine décorée.

A côté, et plus curieux, est le musée dit antique, renfermant, outre des autels à Bouddha tout dorés, de rares statues de divinités hindoues, des livres sacrés, des broderies riches, dans lesquelles excellent les Siamois, des figurines diverses, des bijoux, des éventails, insignes des talapoins, des instruments de musique, gongs, tam-tams et autres, des masques et ornements de théâtre, et des palanquins de formes diverses. Des défenses sculptées représentent un travail très fini. Enfin, un buste en marbre du roi occupe la place d'honneur. Tout proche, on garde sous de vastes hangars les chars funèbres, tout dorés, sur lesquels sont placés le roi ou les princes défunts, le jour des funérailles.

15 novembre. — Le Siam a aussi ses jours de fêtes et de réjouissances publiques, qui vont durer jusqu'après-demain. Cette fête de l'anniversaire du couronnement du roi est l'équivalent de notre 14 juillet.

Pour la circonstance, les rues se pavoisent, les façades s'illuminent le soir. Les édifices publics, et le Palais-Royal surtout, sont éblouissants de lumière : lampions fumeux, lanternes de toutes sortes, surtout chinoises et japonaises et jusqu'à l'éclairage électrique, tout est prodigué à profusion, surtout sur les principales artères et les bords du fleuve, qui présentent un beau coup d'œil. Dans la journée, le roi, suivi de la cour, défilait en grande pompe à travers la ville, porté sur un riche palanquin, mais il a supprimé cette exhibition publique. Le soir, sous l'éblouissement des feux d'artifice, il parcourt le fleuve en chaloupe.

Par une faveur spéciale, en ce pays d'autocratie absolue, le Palais-Royal est ouvert à tous en ces jours de liesse. Dans les cours sont installés des théâtres gratuits en plein vent, tandis que les musiques jouent par intervalles : musique militaire, à l'instar de l'Europe, et musique indigène des plus originales, mais d'une monotonie rappelant la musique orientale en général.. A l'intérieur de la royale enceinte, dont j'ai déjà entretenu le lecteur, sont des pagodes, des ministères et dépendances, puis au-delà d'une solide et double porte le palais lui-même avec une cour-jardin devant. Sur les côtés, des kiosques, dont l'un, tout doré, aux sveltes colonnettes de bois, sert de gigantesque marche-pieds pour se placer à éléphant. Un peu en retrait est la pagode (chapelle royale) précédée d'un énorme canon de bronze, frère de quelques grosses pièces d'artillerie que nous avons aperçues à la porte du musée. Quant au palais lui même, il offre une façade à deux étages avec pavillon central, pour partie en avant-corps, garni d'un escalier à double rampe donnant accès à un vestibule, et des salons richement (trop richement peut-être) décorés. Aux extrémités sont des pavillons carrés faisant corps avec le bâtiment et surmontés, comme le pavillon central, d'élégantes et sveltes flèches pyramidales à jour, qui rappellent les gracieux clochetons birmans.

La capitale siamoise offre, aux visiteurs, comme toute grande ville, des distractions variées; elle possède ses théâtres, l'ancien Sarapet, aujourd'hui Phra-Naï-Wai, celui du prince Alangkarn, et le Liquet (théâtre de genre), pour ne parler que des principaux... On y joue de véritables pièces et des ballets avec orchestre dissimulé dans les coulisses. Les pantomimes sont exécutées par des jeunes femmes et surtout des fillettes, en assez petit nombre, du reste ; elles sont fortement maquillées. Les premiers sujets seuls sont pompeusement parés de costumes éblouissants de verroteries. Elles portent, pour certaines, des masques plus ou moins grotesques et sont coiffées de hautes couronnes surmontées d'une pointe pyramidale. Les danseuses exécutent de ces mouvements calmes, avec contorsions lentes des bras et des mains, conformes aux danses que les Javanaises ont fait connaître en France à l'exposition de 1889. Les danses birmanes ont également une grande analogie. Il y a des luttes de bons contre de mauvais génies, des batailles rythmées, et plus d'une figure rappelle certains de nos ballets féeriques, mais naturellement en moins brillant. Du reste, nombre de personnes pourront s'en rendre compte, car on m'a affirmé que certains de ces troupes ou corps de ballet devaient figurer à notre grande exposition de la fin du siècle.

Notre intention n'était pas de visiter tout le Siam, car, pour ce faire, de longs mois suffiraient à peine, vu les grandes distances à parcourir par des moyens de transports lents et plus ou moins pratiques, comme bateaux ou plutôt chaloupes à vapeur d'une location coûteuse, ou simples sampans à rames, ou encore poneys, qu'il faut acheter, ou éléphants (luxe presque princier et parfois cependant indispensable), mais on peut, étant à Bangkok, excursionner un peu. Une ligne ferrée permet de revenir sur Paknam vers l'embouchure du fleuve, tandis qu'une autre (œuvre et propriété du roi) se dirige vers le nord pour se prolonger vers Korat, qu'elle doit prochainement atteindre. Cette dernière conduit à Ayutia, l'ancienne capitale, en passant par Banpain, où la fantaisie royale a fait élever un château moderne, de style italien, en terrasse, au bord de l'eau. Parc et dépendances, kiosques, etc., rien ne manque au Versailles siamois.

Chemin faisant, le « Nagara Rajasima Railway », dont une bonne partie du matériel est de provenance anglaise, traverse la plaine toujours plate, où les rizières succèdent aux rizières, coupées çà et là de quelques bouquets verdoyants aux essences exotiques, où se distinguent les touffes souples des bambous dominant les bananiers aux larges feuilles, mêlés de cocotiers et d'aréquiers. Dans la verdure, où se montrent aussi des palmiers par groupes ou isolément, s'abritent parfois quelques cabanes sur pilotis, modestes chaumières de cultivateurs, dont les buffles se vautrent dans la fange, guidés par quelque gamin juché sur le dos noirâtre de l'un de ces précieux, mais hideux auxiliaires. On a pris soin de planter aux gares (en bois et bien comprises) quelques arbres, qui donneront un agréable ombrage. Des caoutchoucs, que nous conservons à grands soins dans des pots, poussent ici avec vigueur, livrés à eux-mêmes. A chaque station se tient un gendarme, comme dans les pays les plus civilisés.

Un abri couvert conduit de la gare d'Ayutia à la branche du Méinam qui arrose l'emplacement de l'antique capitale, reconnaissable aux pagodes ruinées envahies par la forêt. Cette dernière a en effet, devant l'abandon des hommes, repris tous ses droits ; aussi la visite détaillée de ces édifices ne saurait-elle tenter les voyageurs ordinaires. Ceux que des détails spéciaux sur les ruines et antiquités siamoises paraîtraient devoir intéresser, ne sauraient mieux faire que de parcourir les ouvrages si bien documentés de notre éminent compagnon de route, M. Fournereau. Je me contenterai de signaler les statues monstres de Bouddha, que nous avons visitées. Il en est une dorée, assise, ne mesurant pas moins de quinze à dix-huit mètres de hauteur : elle est placée sous une vaste toiture de bois de teck, soutenue par six colossales colonnes. Tout autour est une profusion de statues et statuettes de toutes tailles, dont nous avons été assez heureux de pouvoir rapporter des spécimens.

Plus loin, en remontant le fleuve, un temple abrite séparément deux autres grands Bouddhas et un troisième colosse couché, de plus de quinze mètres de longueur. Ces souvenirs religieux datent au moins de quelques siècles.

Mais l'intérêt d'Ayutia ne gît pas seulement dans ces témoins d'âges passés, la physionomie du pays est toute spéciale. Le fleuve ou plutôt ses bras, car il se divise, est bordé de véritables maisons flottantes, boutiques de toute espèce, de jonques, de sampans, d'une variété de formes et de proportions des plus pittoresques, sans parler des pirogues qui vont et viennent en tout sens, chargées de denrées de toutes sortes. Il y a là une vie, une animation extraordinaire dont on ne saurait se faire une idée, et nous en conserverons un souvenir d'originalité tout à fait exceptionnelle.

Pour varier nos plaisirs, ami lecteur, nous continuerons nos pérégrinations à travers Bangkok, laissant la ligne ferrée se diriger vers Korats, distant de 250 kilomètres environ. Les promenades ne manquent pas, charmantes par les petits canaux, à l'ombre des bambous, des cocotiers et de toute cette exubérante végétation où les lianes courent de branche en branche comme de gigantesques toiles d'araignée. Par endroit, les arbres forment un véritable berceau de verdure sous lequel se croisent, multiples, les pirogues habilement dirigées. Il faut voir l'animation qui règne sur ces petits « chemins qui marchent »... C'est à un croisement de canaux, dont l'un a son entrée sur la rive droite du fleuve, vis-à-vis l'église catholique du Rosaire, que se dressent de curieuses pagodes, fort intéressantes chacune en son genre. L'une, abandonnée, renferme quelques chapelles et un sanctuaire central ; son originalité consiste dans des tours creuses, percées de trous, placées à l'extérieur. L'autre, vaste, et d'un plan régulier, comporte une première cour où se dressent en pendant deux pyramides-cloches (en forme de dagobas) qui tranchent sur le ciel par leur éblouissante blancheur ; à la suite, un sanctuaire est enveloppé d'une série de dépendances, et suivi d'un cloître en hémicycle, garni de bouddhas ; enfin viennent des flèches-pyramidales au nombre de cinq, dont la centrale est d'imposantes proportions.

On pourrait citer d'autres monuments, mais on dit qu'il ne faut pas abuser des meilleures choses.

Faudrait-il parler encore d'une visite faite à un évêque bouddhiste, d'autres démarches plus ou moins intéressantes ? Mais j'aurais peur d'être trop personnel.

Un coup d'œil général sur le Siam paraît, au point de vue instructif, un complément intéressant. Toute la partie basse du pays, est en principe, d'aspect plat, mais il n'est pas de même des régions situées au nord, que l'on suive la voie du Me Ping au-delà de Pak-Nam-Pot, dernier centre réellement important, ou celle du Ménam qui se prolonge jusqu'à M'Nan par Outaradit. Dans ces pays reculés on trouve les exploitations forestières, dont un des entrepôts principaux est Xieng-Mai. Je reviendrai ailleurs sur ce sujet, quand le moment paraîtra opportun pour les intérêts français.

Pour l'instant, je me serai contenté de chercher à communiquer au lecteur de fugitives impressions, sans la moindre prétention, heureux s'il a pu concevoir le charme que procure au voyageur un aperçu de cette ville pittoresque en voie de transformation, avec sa population si curieuse et si disparate. A titre de renseignement, il est bon d'ajouter que les mois d'hiver réservent d'ordinaire à ce pays une température des plus supportables et relativement saine ; les nuits sont même fraîches et parfois froides dans les contrées montagneuses, cela va sans dire.

Nous ne pouvions songer à prolonger notre séjour au Siam, et je ne saurais retenir plus longtemps le lecteur sur ce chapitre. Aussi, comme je l'ai déjà dit, je ferai part au public des notes et renseignements recueillis sur le pays dans d'autres circonstances. Il y aurait, en effet, des détails intéressants à ajouter sur les origines du Siam, les races qui le peuplent et leurs mœurs, sans parler de l'administration, de ses procédés, des forces militaires et navales, et de ce qui touche à ce petit Etat en général.

*

L'heure du départ a sonné.

Jetant un dernier coup d'œil sur la rivière, encombrée de bateaux de toutes sortes, chalands, sampans, lourdes chaloupes aux voiles enflées, imposantes jonques, nous adressons encore un salut au petit stationnaire français, l'*Aspic*, qui porte fièrement les chères couleurs. A un coude du Meïnam, quelques monuments, dominant le rideau de verdure qui se prolonge à droite et à gauche jusqu'à la mer, nous indiquent l'emplacement de Bangkok. Mais le disque rouge du soleil a disparu et le phare, brillant par éclats, marque la route du large.

Au lendemain matin, nous mouillions devant Chantaboun, pour prendre une escouade de miliciens annamites, coiffés de leur petit casque plat, tenu par un ruban rouge passant sous le chignon. Les Annamites, on le sait, portent toute leur chevelure, qui ferait envie à plus d'une de nos charmantes compatriotes. Aussi est-il très difficile souvent de deviner leur sexe au premier aspect; de plus, ils sont imberbes. Plusieurs de ces petits soldats étaient escortés de leurs épouses et de leurs enfants, qui se casèrent tant bien que mal ; mais certains avaient eu la malencontreuse idée de se munir d'eau-de-vie. Mal leur en prit ; leurs bagages furent fouillés et les bouteilles jetées à la mer, et le sergent qui conduisait le détachement mis aux fers.

Le mousson soufflant du nord-est nous procurait une agréable fraîcheur et, deux jours après, nous rentrions à Saïgon.

COCHINCHINE

COCHINCHINE

Ce n'est qu'en passant que nous avons aperçu la capitale de notre grande colonie, qu'un séjour un peu plus long nous fera mieux connaître. Après quoi nous parcourrons le Delta par voies fluviales, les seules routes réellement pratiques pour visiter la Cochinchine : mais avant, sans insister sur la situation géographique et la configuration de notre premier établissement en Indo-Chine, que personne n'ignore, il m'a paru intéressant de donner quelques notions ethnographiques sur la grande famille annamite, qui peuple ces contrées et que l'on retrouve au Tonkin comme en Annam.

Au point de vue physique, les Annamites sont de petite taille et d'aspect plutôt frêle. Les membres sont allongés. Ils portent les cheveux longs, comme on l'a vu, et ils laissent parfois pousser leurs ongles très longs (dans la classe supérieure, surtout). La tête a tous les caractères de la race jaune, en général ; le nez est aplati, les yeux bridés, les pommettes saillantes et les lèvres fortes. Si l'on étudie les mœurs, elles ont beaucoup d'affinités avec celles des races voisines. Les Annamites, en effet, sont surtout cultivateurs, ce qui n'exclut pas l'existence de certaines industries où le sentiment artistique est assez développé. Ils habitent des cases de bois plus ou moins rudimentaires, mangent du riz, boivent du thé et fument l'opium. Leur religion est le bouddhisme, mêlé de superstitions, mais certains lettrés suivent la doctrine de Confucius. Les bonzes sont moins considérés que dans les autres pays bouddhiques, mais les pagodes sont encore nombreuses et riches souvent.

Ceci dit, on peut ajouter qu'en Cochinchine comme dans les pays limitrophes, l'élément chinois est également nombreux.

Le lecteur me permettra d'être encore quelque peu didactique ; c'est ainsi qu'il se souviendra que notre première colonie indo-chinoise, dont l'occupation remonte au milieu du second empire, après avoir été visitée et évangélisée plusieurs siècles auparavant par les intrépides missionnaires, est une vaste plaine au sol d'alluvion d'une surface de 60,000 kilomètres carrés, peuplée d'environ 2,300,000 habitants, dont 4,000 Européens au plus. Cela fait ressortir la population à une densité équivalant environ à la moitié de celle de notre pays. Je rappellerai également que la surface totale de ce que je dénommerai « la France d'Asie » peut être évaluée approximativement à 680,000 kilomètres carrés, c'est-à-dire que l'Indo-Chine française représente un domaine colonial d'un cinquième environ plus vaste que la mère-patrie. Sa population serait de près de dix-huit millions d'habitants.

Le grand fleuve, que l'on pourrait appeler le Nil indo-chinois, est le Mékong, le cinquième fleuve du monde par l'importance du volume de ses eaux; malheureusement cet immense « chemin qui marche », dont la longueur peut atteindre un millier de lieues, est une route fort défectueuse, coupée de mauvais passages. Nous le parcourrons du reste tout à l'heure ensemble, et chemin faisant nous étudierons la question si intéressante de sa navigabilité.

Inutile d'ajouter que, par son assolement, la Cochinchine est un pays à riz, par dessus tout; il est seulement regrettable que cette culture n'ait pas pris plus d'extension encore, étant donné que le pays n'en produit même pas assez pour sa propre consommation, paraît-il. En dehors de cela, la culture du coton semble devoir donner de bons résultats, celle du poivrier a fait ses preuves concluantes (il n'y aurait à craindre qu'une surproduction); des essais intéressants ont été faits avec le café, la canelle; et l'on pourait songer au parti à tirer des gutta, de la noix de coco et de l'ananas, ce dernier d'une culture facile, peu dispendieuse. Par rapport à sa surface, du reste, la Cochinchine ne compte guère qu'un cinquième de son sol cultivé, et pour la presque totalité, en riz. Ce dernier est décortiqué par des procédés plus ou moins simples, et il existe quelques usines, surtout à Cholon, aux mains des Chinois malheureusement. Le vrai colon est, du reste, quantité tout à fait négligeable. Il en est à peine quelques-uns et à leur tête, le doyen, le maire de Saïgon, exemple du colon persévérant (il y a trente ans qu'il habite le pays) qui a vu ses efforts couronnés de succès. Son exemple puisse-t-il porter des fruits! Ce n'est pas qu'il n'y ait de demandes de concessions, mais la plupart du temps, ces demandes accordées ne sont suivies d'aucune tentative. Et pourtant il y aurait à faire, mais il faut des capitaux. La main-d'œuvre, de plus, a beaucoup renchéri ici comme partout ailleurs; et l'on pourrait appliquer toutes ces remarques à l'Indo-Chine en général. On trouve bien des Français établis dans les villes, à Saïgon surtout; mais ce n'est pas ce que l'on peut appeler l'œuvre de la colonisation, pour laquelle, nous autres Français ne paraissons pas avoir grande aptitude, il faut bien l'avouer.

Nous pourrions ajouter encore d'autres renseignements divers, mais ce n'est pas notre but de faire une étude approfondie et complète de nos colonies indochinoises; on pourra puiser à ce sujet dans des comptes-rendus, des statistiques, mises du reste à la portée du public. C'est ainsi qu'on se rappellera que les fruits de ces pays sont autres que les nôtres et comportent une grande variété; les plus connus sont les noix de coco, l'orange, l'ananas, la mangue, la papaïa, le betchi, la banane surtout. Quoique agréables ils ne valent cependant pas nos délicieux fruits d'Europe. On connaît aussi les animaux qui hantent les forêts, aussi je n'insisterai pas; seulement, j'ajouterai que les espèces domestiques ne valent pas les nôtres; c'est ainsi que les vaches donnent très peu de lait, ce qui s'explique dans un pays où il n'y a pas de pâturages, et ainsi de suite.

A propos de Saïgon, qui offre un confort très appréciable quand on vient de l'intérieur, j'ajouterai que la ville couvre près de 800 hectares et compte près de 35,000 habitants, dont 2,500 Européens environ. Nous avons vu les principaux monuments, au nombre desquels il faut ajouter l'hôtel de la Résidence supérieure et la mairie, que l'on songe à réédifier à l'extrémité du boulevard Charner, la large artère sur laquelle donne le marché, qui présente chaque matin une animation vraiment extraordinaire.

Tout à côté est le terminus du tramway à vapeur conduisant à Cholon ou Cholen, la ville chinoise distante de six kilomètres.

CHOLEN

Située sur un arroyo, ou plutôt à cheval sur plusieurs canaux encombrés de jonques et sampans, la cité chinoise est un grand bazar, en quelque sorte, avec ses échoppes et boutiques alignées, où l'on trouve toutes marchandises et de toute provenance. Le touriste flânera volontiers en quête de nouveauté ou d'originalité : les barbiers, comme on les a vus à Bangkok, les artisans, les petits restaurateurs à l'étalage peu appétissant : on retrouve toute la vie chinoise. Aux devantures ce sont les longues enseignes avec caractères peints ou dorés. Mais si la flânerie est agréable, elle nous conduirait peut-être un peu loin, et il faut savoir mettre un frein à sa verve. La demeure du Phu (sorte de préfet indigène) offre de curieuses et riches décorations. Il y aurait encore à citer les théâtres annamites et des petites pagodes, mais nous aurons l'occasion d'en voir d'autres.

MYTHO

Nous allons donc maintenant naviguer sur le Mékong; pour éviter les redites et voir du pays, nous prendrons le raccourci, c'est-à-dire le chemin de fer, dont l'exploitation a été confiée à une société privée, et qui met Mytho en communication avec Saïgon; c'est l'unique voie ferrée de Cochinchine. A voie étroite, mais avec un matériel suffisamment convenable, cette petite ligne ferrée de 71 kilomètres de longueur ne présente d'autres travaux d'art que deux grands ponts en fer, le premier de cinq cents mètres sur le Vaïco et le second de plus de trois cents mètres. Le paysage varie peu, ou plutôt ne varie pas, ce sont des rizières et toujours des rizières, coupées parfois par quelque modeste chemin de campagne, bordé ou non de cocotiers. Les stations sont des plus humbles, et cela se comprend.

Mytho, terminus, ville embryonnaire (comptant une vingtaine de milliers d'habitants, dont beaucoup de chinois), est située au confluent d'un important arroyo et d'un des principaux bras du Mékong. Elle possède une église quelque peu prétentieuse et un hôtel tenu par une dame, prévenante hôtesse. Nous prendrons passage ici sur un de ces grands bateaux spacieusement aménagés de la Compagnie des Messageries fluviales, dont la haute direction a été confiée au lieutenant de vaisseau Simon, le distingué auteur de l'hydrographie du fleuve. Maintenant nous allons savourer les charmes d'une paisible navigation entre deux rives qui s'allongent, rubans de verdure, pendant des centaines de kilomètres. Tandis que l'on distingue les arbres, bambous aux tiges souples, cocotiers aux belles palmes, bananiers aux larges feuilles, aréquiers à la haute tête, et autres, sur le bord le plus rapproché, le cadre passant par toute la gamme des verts, les lointains se noient dans les violets et les bleus. L'eau limoneuse prend des tons chauds sous les éclats du soleil, et emprunte parfois aux nuages leurs belles couleurs, surtout à l'heure du couchant. De distance en distance, une chaumière, ou une réunion de cabanes, apparaît au travers des arbres, ou un village se groupe au bord de l'eau avec ses huttes, dont les habitants, de pauvres pêcheurs, font sécher leurs filets sur des poteaux ; tel est Vinh-Long, où les missionnaires ont une belle installation. Sur le fleuve nous croisons ou dépassons des sampans aux équipes de rameurs, aidés souvent par une voile triangulaire qui met sa note jaune dans le paysage. Aux stations, des indigènes vendent fruits et victuailles. Le spectacle n'est pas intéressant que sur le fleuve ; il l'est aussi sur le pont, garni de passagers de toutes races, et il y a là d'intéressantes observations à faire.

Au point de vue climatérique, personne n'ignore que la température est à peu près constante en Cochinchine : le thermomètre oscille peu, relativement ; ainsi, l'été, à la saison des pluies, il dépasse trente et quelques degrés, pour redescendre à vingt l'hiver, à la saison sèche, mais seulement la nuit, car le jour il tourne encore autour de trente. Il faut ajouter à cette température constante, et c'est là le plus pénible, une humidité dangereuse. Le petit refroidissement nocturne est à redouter, car il est la cause de diarrhées fatigantes et parfois aussi de la terrible dysenterie ; je ne parle pas des fièvres, des maux d'estomac et des maladies de foie. Mais il ne faut pas trop noircir le tableau, et on peut citer plus d'un Français qui s'est parfaitement fait au climat ; il faut prendre des précautions, être raisonnable, mais c'est malheureusement ce qu'on n'est pas toujours.

Les règles de l'hygiène doivent être observées avec soin. Puisque j'ai franchi, je pourrais presque dire le mur de la vie privée, j'ajouterai que la vie est assez facile dans les centres : on y trouve des approvisionnements variés en viandes et fruits; le poisson ne manque pas non plus, mais cela n'exclut pas le rôle intéressant que jouent les conserves dans l'alimentation. Certaines gens se plaignent, cependant, de la cherté de la vie à Saïgon : cela s'explique un peu avec le renchérissement général qui a suivi les nouveaux impôts récemment créés pour augmenter les revenus de la colonie; les loyers sont chers, vu la rareté relative des locaux à louer; le prix des chambres varie de dix à trente piastres par mois, et les pensions de vingt-cinq à quarante-cinq piastres en moyenne ; aussi les petits employés se plaignent-ils, trouvant que leurs appointements ne sont plus en rapport avec les dépenses occasionnées par leur simple entretien. Tout cela n'empêche pas les demandes d'emplois d'arriver toujours nombreuses au gouvernement général. C'est encore le cas de répéter : moins de fonctionnaires et plus de colons, mais de colons sérieux, et non pas de chercheurs d'aventures ou de pauvres hères, dont on dit: propres à rien, propres à tout! Les personnes que les questions commerciales intéresseraient plus spécialement trouveraient plus amples renseignements dans les notes de la Mission, puisque le gouvernement nous a confié cette tâche honorable et ce titre honorifique tout à la fois, notes et documents recueillis par la Mission, dis je, pour paraître dans la revue : *L'Expansion Française Coloniale*, dont le siège est à Paris, rue Berthollet, n° 7.

Revenons maintenant, si vous le voulez bien, à la question de la navigabilité du Mékong. La navigation est en effet des plus variables, suivant la hauteur des eaux et la saison. Nous allons jalonner la route à grands traits. Pour ce qui est de la partie basse du Delta proprement dite dans les bras principaux, les grands bateaux circulent toute l'année, et certains d'entre eux, jaugent jusqu'à 800 tonnes, et tirent quatre et cinq mètres. Dans la partie basse, on trouve des centres habités plus ou moins importants, en dehors de ceux déjà cités, comme Chaudoc, Canthó et autres. Jusqu'ici, pas de difficultés, mais il n'en est pas de même à partir de Pnom-Penh, la capitale cambodgienne. Un service spécial se détache là de la grande ligne, c'est la ligne des lacs qui, franchissant le Tonlé-Sap, atteint Battanbang, une partie de l'année, du moins. C'est le chemin que nous prendrons pour aller voir les fameuses ruines d'Angkor.

Sur le Mékong, la navigation à vapeur se poursuit toute l'année jusqu'à Kratié. De là à Stung-Dreng, le service ne se fait plus qu'en sampans ou pirogues (comme on dit sur place) aux basses eaux. Un petit bief navigable à vapeur s'étend jusqu'à Khône, où l'on trouve le premier barrage naturel qu'un petit chemin de fer permet de franchir facilement. Ii faut encore reprendre les pirogues une partie de l'année du moins (c'est-à-dire pendant nos mois d'hiver en France) jusqu'à Pak Moun. De là, jusqu'un peu au delà de Kemarat, ce n'est qu'une suite de rapides, franchissables en pirogues, cela va sans dire. La partie avoisinant Savan Nakek est dans le régime mixte, tantôt vapeur, tantôt pirogues. Puis vient un grand bief allant jusqu'à Vien Tian, sur lequel les chaloupes à vapeur peuvent circuler en tout temps pendant un parcours de plus de 200 milles marins. Enfin, jusqu'à Luang Prabang, on ne peut plus remonter qu'en pirogues par une longue série de rapides plus ou moins dangereux à franchir. Telle est cette grande ligne de navigation fluviale, relativement peu pratique et qui demande un temps plus ou moins long, suivant la saison et le sens, soit qu'on remonte, soit qu'on descende le courant. Aussi, si, parfois, le trajet peut s'accomplir en moins d'un mois, il en demande presque deux en d'autres circonstances.

**

Ne quittons cependant pas la Cochinchine sans donner quelque aperçu sur le commerce, dont on ne saurait faire entrevoir de l'importance sans citer quelques chiffres. C'est ainsi que les Bulletins officiels mentionnent pour l'Indo-Chine, comme mouvement extérieur dans l'année 1898, un total de 127 millions et demi de francs pour l'exportation, dans laquelle la Cochinchine et le Cambodge entrent pour 105 millions, tandis que les importations ne dépassent guère 100 millions, dont plus de la moitié pour les deux pays précités. Au résumé, ces résultats donnent une plus-value de 25 millions sur l'exercice précédent. Dans ces chiffres, par ordre d'importance, il convient de mettre en première ligne les tissus, comme importation, puis les fils, les pierres et métaux, métaux travaillés, boissons, denrées, etc., pour ne citer que les principaux articles.

Comme exportation, en tête, on le sait, est le riz ; puis, loin derrière, le poivre, le thé, les cotons, les peaux, les bois, etc. L'Indo-Chine, en résumé, a reçu l'année dernière de la mère-patrie et des autres colonies plus de 44 millions, et de l'étranger plus de 58 millions de francs. C'est la Cochinchine et le Cambodge réunis qui absorbent le plus. Le Tonkin vient tout de suite après. Quant à l'Annam, ses chiffres sont encore bien modestes.

Il est également une question que j'ai déjà traitée à diverses reprises, sous forme d'articles : celle des stations sanitaires, qui jouent un grand rôle au point de vue du développement européen. On connaît l'utilité d'un sanatorium de montagne pour des pays qui, comme ceux qui nous intéressent présentement, ont un climat si débilitant ; mais le choix d'un emplacement favorable est chose délicate ; il faut, en effet, réunir plusieurs conditions comme celles de l'altitude (la station ne peut guère être établie avec fruit au-dessous d'un millier de mètres), la présence d'eau potable, et, forcément, la nature du sol. Il faut, en effet, un endroit bien salubre. Les Anglais, aux Indes, avec leurs merveilleuses stations de montagnes, que je décrivais l'année dernière dans un petit opuscule; celles des Hollandais, que je visitais également dans l'hiver 1896-97, nous fournissent d'intéressants et concluants exemples. Sachons en tirer parti. Malheureusement, nous dira-t-on, nos possessions cochinchinoises et cambodgiennes sont plates. Il existe, cependant, des reliefs du sol qui doivent être suffisants et, en tout cas, nous avons le voisinage du Tonkin et surtout de l'Annam ; aussi, est-ce de ce côté qu'on semble avoir jeté les yeux. C'est ainsi qu'à partir seulement de 600 à 700 mètres au nord-est de la Cochinchine, on trouve des forêts de pins, et, en remontant la vallée d'un affluent du Donaï, on atteint des altitudes de 1,200 et même de 1,400 mètres ; c'est le plateau du Lang-Bian, dont on a déjà parlé et qu'on étudie avec l'espoir de pouvoir y créer la station sanitaire rêvée. On est là chez les Moïs. Mais l'accès de la région est difficile, paraît-il. Voyons si l'endroit offre des ressources convenables. D'après des statistiques et observations, la moyenne de la température serait de 18 degrés (le thermomètre ne dépassant pas 29· et s'abaissant parfois à 0·). L'humidité serait moyenne, et les jours de pluie assez nombreux. On trouve des eaux vives ne tarissant pas. Les tentatives de plantations européennes ont réussi. Comme on le voit, tout paraît favorable et il faut espérer que la question de la distance (environ 200 kilomètres) ne saurait être un obstacle à la réalisation de ce projet, dont nous ne pouvons que souhaiter la prompte exécution.

Nous avons parlé de la grande voie suivie par les bateaux directs de Saïgon à Phnom-Penh, mais il va sans dire qu'il existe d'autres services secondaires, dans le détail desquels je n'entrerai pas sous peine de passer pour un copieur d'horaires. C'est ainsi que les centres de résidences sont desservis une fois ou deux durant la semaine. Les communications sont encore plus fréquentes entre les pays avoisinant Saïgon, comme Thu Daumot, Bien Hoa, Baria, centres où ont été faits des essais intéressants de culture. Enfin, certains canaux naturels ou artificiels sont utilisés. De la sorte on peut traverser certaines parties de la Cochinchine. Des sampans ou pirogues indigènes circulent un peu partout, profitant des hautes eaux ou de la marée, qui se fait sentir si loin dans l'intérieur.

Comme on le voit, les conditions où se trouvent certaines régions de la Cochinchine, étant sous les eaux une partie de l'année, sont un obstacle à toute mise en culture, autre que le riz, en principe ; mais par contre sa culture pourrait être encore bien développée.

CAMBODGE

CAMBODGE

En remontant la vallée du Mékong, nous avons atteint le Cambodge bien avant Phnom-Penh sa capitale, mais son intérêt pour nous ne commence réellement que là. Avant de décrire cette ville naissante, je résumerai encore quelques notions élémentaires sur le royaume placé sous le protectorat français. On connaît sa situation géographique, placée au nord de la Cochinchine et touchant à l'Ouest au golfe du Siam. Sa superficie est d'environ 120,000 kilomètres carrés, soit à peu près le cinquième de la France, mesurant environ 300 sur 400 kilomètres.

Les forêts couvrent plus d'un tiers de sa surface, elles se divisent en trois catégories, partie inondées au moment des hautes eaux, partie en plateaux et partie en montagnes, allant jusqu'à 1,500 mètres d'altitude. On y trouve la plus grande variété d'essences, mais principalement du teck et une sorte de pin atteignant de grandes dimensions. Comme bien on pense on s'en est occupé, et le gouvernement a songé à protéger ces richesses contre l'incurie et les incendies dévastateurs des indigènes. La population du Cambodge est d'environ 1,500,000 habitants, plus 200,000 Chinois et Annamites, Malais et autres. Les Européens ne comptent guère que pour trois cents personnes, dont la m itié environ résident dans la capitale (ne sont jamais compris dans ces chiffres les effectifs militaires).

A la tête de l'administration est un résident supérieur, de l'accueil duquel nous n'avons eu qu'à nous louer ; il est assisté de résidents et de vice-résidents ; un chef de cabinet, homme des plus aimables, lui est également adjoint. Placé auprès du vieux roi Norodom, le résident supérieur est le représentant de la France, et comme tel placé à la tête du conseil des ministres cambodgiens qui administrent le royaume. Il y a des gouverneurs de provinces indigènes et tout un personnel sous leurs ordres. Au point de vue administratif français, il y a aussi toute la catégorie des fonctionnaires appartenant aux branches diverses, douanes, finances, postes, etc.., mais je n'insisterai pas sur cette nomenclature fastidieuse pour le lecteur, auquel je rappellerai qu'au point de vue financier, l'Indo-Chine possède une banque officielle ayant le droit d'émission de billets de banque. La monnaie courante est la piastre, à cours variable, d'une valeur actuelle d'environ deux francs cinquante centimes, divisée en cent cents représentés par de petites pièces divisionnaires ou de la monnaie de bronze.

A défaut de chemins de fer, les Messageries fluviales assurent les communications avec les principaux centres, et même des Chinois industrieux possèdent des chaloupes à vapeur, comme en Cochinchine, qui prennent aussi voyageurs et marchandises ; enfin la navigation indigène est fort active. La faune est celle de toutes les régions indo-chinoises, et le Cambodge produit également les fruits les plus variés. On y fait pousser aussi des légumes d'Europe. Aux moyens de transports il convient d'ajouter la charrette à bœufs, certaines de formes très gracieuses, et l'éléphant, cet animal qui rend de réels services, ici comme dans d'autres pays voisins, est très estimé, mais de valeur marchande inférieure, aussi n'est-il pas rare de voir des Birmans venir en acheter et les payer jusqu'à deux mille francs, n'hésitant pas à ajouter les droits fort onéreux d'exportation, créés récemment par l'administration. Aux Indes, entre autres, le prix des éléphants, est encore bien supérieur. J'ai vu les services que l'on en pouvait tirer et je les ai décrits tant dans mon ouvrage *A travers les Indes*, que dans mon livre sur la Birmanie.

Au point de vue commercial, les importations ne représentent guère que le tiers de l'exportation, dans laquelle le riz entre pour moitié. Le poivre y entre aussi pour un gros chiffre. La pêche joue également un rôle important dans les transactions locales.

Le Cambodge a conservé certains de ses usages, ses poids et mesures entre autres, mais ces détails nous entraîneraient trop loin. La monnaie du pays consiste en barres pour l'or et l'argent et en piécettes de zinc, la sapèque, mais la monnaie courante est la piastre. Les sous seuls sont à l'effigie de Norodom... C'est là une maigre fiche de consolation !

Comme produits du sol, nous retrouvons, comme en Cochinchine, le coton, le maïs, le café, la canelle, le poivre, la canne à sucre, le tabac, l'ortie de Chine, le mûrier, l'indigo, le cardamome, le sucre de palme, etc.

Après cet aperçu général, nous reprenons notre navigation, qui s'est poursuivie toute la nuit, car les pilotes indigènes ont, paraît-il, des yeux de chat et percent l'obscurité la plus profonde. Il fait jour quand nous quittons le territoire cochinchinois. Les rives sont un peu moins verdoyantes et semblent vouloir se relever un peu ; c'est qu'à cette époque (décembre), les eaux baissent et il faut les voir déjà filer à une vitesse de plusieurs kilomètres à l'heure. Nous sommes à la tête du Delta, et le fleuve a une largeur superbe qui peut atteindre presque deux kilomètres à certains endroits. Au loin apparaissent des toitures superposées, des flèches et des pnoms (édifice en forme de pain de sucre), c'est Phnom Peng.

PNOM-PENH

I

La ville des pnoms s'étend sur plusieurs kilomètres au long du fleuve, composée jadis d'une rue formée par la digue. Aujourd'hui elle devient une véritable cité ; on a tiré des rues au cordeau, fait des lotissements, et des constructions d'aspect convenable s'élèvent sur des plans approuvés par l'administration. Pour ce faire, il a fallu remblayer le terrain pour dépasser les plus hautes eaux ; on a encerclé la ville future d'un canal, dont les terres ont été rejetées à l'extérieur, puis, on comble au fur et à mesure des constructions. Le prix des terrains, qui avait débuté à deux piastres le mètre, est déjà monté à quinze par endroits... Des édifices neufs s'élèvent déjà sur la berge :

la résidence, entourée de son jardin, les Messageries fluviales, la douane, le Grand-Hôtel, spacieusement aménagé et subventionné, et, derrière, l'hôtel des Postes et la succursale de la banque de l'Indo-Chine. Au centre de la ville européenne, on a aménagé un square autour de la pagode.

Cette pagode, dite « du Pnom » ou butte, est le monument le plus intéressant de Pnom-Penh. Elle domine du reste la ville du haut de ses terrasses superposées, auxquelles on accède par un escalier de briques aux rampes formées par de gigantesques cobras aux sept têtes ou décorées de lions ou de personnages. Le sanctuaire, renfermant un Bouddha tout doré, est une construction rectangulaire avec des piliers à l'intérieur soutenant la toiture, comme on l'a vu au Siam ; c'est du reste le même art qui a inspiré l'architecture des deux pays. La décoration intérieure est rouge et or, et à l'extérieur les volets des ouvertures sont également rehaussés d'or. Des parties revêtues d'ornements brillants ajoutent à l'éclat de l'édifice. Derrière, un pnom (forme de dagoba en Birmanie et aux Indes, de pracheti au Siam) s'élève, entouré d'une série de petits pnoms; d'autres encore, d'importance moyenne (quelques mètres de hauteur), se dressent à l'entour, certains disparaissent gracieusement sous la verdure. On compte un certain nombre de pagodes dans la capitale cambodgienne, mais il suffira de citer les principales, comme la pagode du Roi, celle dite du pape (à cause de la résidence qu'y a élu un Pape bouddhiste... le pape cambodgien, s'entend), mais le monument religieux, réellement imposant par ses proportions (...et pas plus, car il couvre 17,000 mètres superficiels) c'est, ou plutôt ce sera (car il est loin d'être achevé) la pagode dite Prakéo (ou du Bouddha en verre) à cause de la statuette qui doit y figurer à la place d'honneur et qui sera un Bouddha en verre ou plutôt cristal vert coulé en France : ce morceau de cristal doit coûter paraît-il, trois mille francs... La pagode, fantaisie royale, est en briques recouvertes de marbre français ; des vitraux grossiers ferment les baies, et des peintures décorent l'intérieur, qui doit comporter un soubassement en carreaux de faïence ; le dallage doit être fait de plaques (cuivre et argent). Tout cela est pour le sanctuaire central précédé d'une vérandah d'aspect peu gracieux. A droite et à gauche, des pnoms dressent leur masse, sans intérêt. Tout à l'entour d'une vaste cour dallée en ciment se poursuit une sorte de cloître des plus banals. Après les pagodes birmanes et siamoises, tout cela paraît bien terne...

On pourrait en dire autant du palais de

Norodom, vaste enceinte crénelée renfermant sans symétrie des pavillons plus modestes et même disgracieux les uns que les autres. On trouve là de tout, depuis le logement peu somptueux du prince et la partie réservée à ses centaines de femmes, absolument interdite; le pavillon de réception, la salle de danse (hangar peint en bleu), où, dans les grandes occasions, Norodom fait voir son corps de ballet (sœurs des ballerines siamoises dont on a parlé); jusqu'à de misérables hangars ou ateliers pour les orfèvres, les mécaniciens et autres fournisseurs attachés au palais. On nous a montré les machines qui jadis ont servi à frapper une monnaie, d'autant plus précieuse qu'elle n'a jamais eu cours !

Le seul édifice un peu original est la vaste tribune d'où le roi peut assister aux revues et défilés. Vis à vis est l'abri modeste de l'éléphant blanc... ou plutôt gris. Sur le côté du palais est une sorte d'esplanade.

Non loin de là est un vieux quartier indigène avec ses paillottes, ses petites échoppes, beaucoup plus pittoresques sans conteste que les boutiques modernes des Chinois ou des Indiens. C'est là aussi que nous avons visité l'installation agricole d'un colon bien connu là bas, qui a fait d'intéressants essais et a doté Pnom Penh d'une importante vacherie grâce à laquelle les Européens peuvent boire de bon lait, mais d'un prix dépassant de beaucoup tous ceux de nos marques françaises les plus en vogue.

Parmi les édifices de la ville on ne saurait omettre les divers ponts en fer jetés sur le canal, qui s'assèche aux basses eaux. L'un d'eux mérite une mention particulière ; il est surmonté d'une voûte en maçonnerie le long des parois internes de laquelle on peut, grâce à des treuils à bras, faire monter le tablier du pont de façon à laisser le passage aux joncques, aux hautes eaux. Malheureusement il fonctionne plus ou moins bien, parait-il, et son utilité ne se faisait réellement pas sentir. Il a naturellement coûté un bon prix, ce qui lui a valu le surnom de « pont des dollars ».

Mentionnons aussi comme monuments l'église catholique, d'un ogival un peu fantaisiste. Non loin sont les casernes, car il existe une espèce de milice cambodgienne dont la coiffure est le béret, comme nos chasseurs alpins... mais par contre ils n'ont pas de souliers. A l'instar des grandes villes, Pnom-Penh a aussi son jardin zoologique, dont on ne peut guère noter que la volière.

Au point de vue climatologique, le Cambodge est à peu près dans les mêmes conditions que la Cochinchine ; il y ferait même plus chaud à certaines époques, mais avec moins d'humidité. Nous avons cru remarquer, par exemple, que, la nuit, le thermomètre ne descendait pas au-dessous de vingt degrés ; dans le jour il remontait à vingt-sept et trente degrés, mais il semblait que le bord du fleuve procurait plus de fraîcheur qu'à Saïgon ; on a aussi des surprises désagréables, comme des invasions de diverses grosses mouches-punaises. L'été est plus chaud ici, thermométriquement, qu'en Cochinchine ; il atteint et dépasse même parfois 42 degrés.

Nous ne saurions quitter la jeune capitale sans citer, ne fût-ce que pour mémoire, l'enceinte dite : palais du deuxième roi et l'hôpital.

Nous ne saurions parcourir tout le Cambodge pas plus que la Cochinchine ; cela présenterait du reste peu d'intérêt, le pays est plat et en grande partie envahi par les eaux pendant plusieurs mois, ce qui explique le peu ou pas de routes existantes.

Il suffit du reste d'en voir quelques kilomètres pour en juger. Il me souvient de certaines promenades en charrette à bœufs ou autres, moyen de locomotion usité ainsi que l'éléphant, pour en avoir suffisamment apprécié les charmes peu enchanteurs. Nous ajouterons qu'il faut avoir goûté la chose pour s'en faire une idée. La charrette cambodgienne, qui nous intéresse, est un véhicule de forme plus ou moins gracieuse, quoique certaines ne manquent pas d'élégance avec leur toiture basse en jonc tressé, sous laquelle on ne peut que se tenir étendu ou accroupi... et encore. Dans cette position, chaque cahot vous déplace, et votre tête, dans certains soubresauts, vient heurter les parois de votre cage ; c'est que les soi-disant routes présentent des dénivellements faisant prendre parfois à la voiture des inclinaisons compromettantes pour l'équilibre. La traversée des rivières ou ruisseaux, car les ponts sont rares, n'est pas sans ménager des émotions au voyageur, qui se demande quelquefois s'il ne serait pas préférable pour lui de se mettre carrément à l'eau plutôt que de prendre un bain auquel il n'était pas préparé. Heureusement que les bêtes, buffles paisibles (pas toujours cependant) ont le pied sûr et marchent d'un pas lent. Ils sont simplement placés la tête sous un joug orné d'une tige gracieusement relevée, à laquelle le conducteur ajoute par coquetterie quelque fanfreluche ou ruban.

Quant à l'éléphant, c'est là un autre moyen de transport bien connu et fort usité au Cambodge, où ces pachydermes ne manquent pas, comme on l'a vu. Dire que c'est le rêve pour le voyageur dans ces contrées serait peut être exagéré; pour notre part, nous ne le préconiserons pas absolument, mais il est parfois bien précieux, surtout en pays sauvage. Assis ou couché sur la large selle, les jambes pendantes ou allongées, on est secoué en avant et aussi de droite et de gauche, c'est un peu le mouvement combiné du roulis et du tangage en mer, plus ou moins accentué suivant que la monture a des réactions plus ou moins violentes; je me rappelle avoir eu un jour un éléphant qui me secouait tellement que j'aurais été projeté à terre, si je ne m'étais accroché des deux mains à la petite balustrade qui garnit le pourtour de la selle-plate-forme. D'autres fois j'ai pu rester dix heures à éléphant sans presque éprouver la moindre courbature. On se fait du reste à ce mouvement, quand il n'est pas trop accentué. L'éléphant est remarquablement prudent; dans les passages difficiles il s'avance avec la plus grande précaution; s'il descend une pente rapide, il se laisse glisser au besoin sur le train de derrière, s'arcboute, s'appuie sur sa trompe, dont il se sert pour monter, fléchissant alors sur les genoux, mais il faut ajouter que dans ces moments la position du voyageur n'est pas des plus enviables : il doit se porter violemment en avant ou en arrière en se cramponnant... c'est un exercice de gymnastique fatigant. Les personnes qui n'ont participé qu'à des promenades faites à dos d'éléphant dans des jardins zoologiques et dans d'autres lieux publics ne sauraient donc avoir qu'une bien faible idée des surprises que réserve un voyage ainsi fait.

Les chevaux sont un mode de locomotion beaucoup plus apprécié des Européens ; ils sont petits, mais certains sont très vigoureux. Ils sont relativement rares du reste.

Nous en reviendrons donc pour voyager, au Cambodge surtout, aux « chemins qui marchent », à ces rivières larges et profondes, comme nous n'en possédons malheureusement pas en France. Le voyageur qui a quelques jours à consacrer à la visite des États du vieux roi Norodom, le pensionnaire de la France, moyennant une redevance annuelle s'élevant au moins à quinze cent mille francs (chiffre respectable, mais qui nous laisse encore des bénéfices, vu le rendement du pays), le voyageur, dis-je, désireux d'employer quelques jours d'une façon intéressante, pourra, en dehors de Pnom Penh, faire deux jolies excursions, les visites du vieux temple Kmer dit « Wat-Nokor », près Kompong Tiam, sur le Mékong, et des Tombeaux des rois du Cambodge, près

Oudong, sur le Tonlé Sap, la belle rivière déversoir des grands lacs, auxquels on donne souvent à tort ce nom.

La première est à environ huit heures de chaloupe au nord; cette excursion devient surtout facile à faire lorsque le résident supérieur veut bien, comme cela nous est arrivé, mettre sa chaloupe à notre disposition. Nous ne saurions du reste oublier les heures que nous avons agréablement passées avec M. le résident, pendant notre court séjour à Pnom-Penh; son aimable accueil nous a profondément touchés, et nous avons pu apprécier la haute compétence du représentant de la France auprès de Norodom. Aussi cordiale devait être la réception que nous ménageait le résident de Kompong-Tiam, auquel revient l'honneur d'avoir su installer une résidence modèle en pleine brousse, au bord du fleuve. L'endroit a été bien choisi au coude du Mékong, et là se dressent aujourd'hui des constructions bien aménagées, sur pilotis à cause des hautes eaux. M. le résident a auprès de lui un jeune chancelier, plein d'avenir, un comptable et un petit personnel indigène. Les forces militaires sont représentées par soixante miliciens armés de carabines Gras (du prix de revient de 6 francs). — (On ne pourra pas dire que l'armement des milices indigènes ruine le pays !) Ils sont commandés par un lieutenant d'infanterie de marine. Pour donner une idée de ces résidences, il suffira de dire qu'en surface celle-ci comporte une étendue représentant plusieurs départements, avec une population d'environ 200,000 habitants, qu'il faut administrer. L'impôt personnel seul représente plusieurs centaines de millions de francs.

Les ruines dont il est question sont à quelques kilomètres de la résidence, et c'est par un joli chemin en forêt qu'on y accède. Il n'est pas rare d'y rencontrer des singes gambadant dans les branches et d'y voir de jolis oiseaux. Quelques arbres superbes aux larges empâtements sont à signaler; ils ne seraient pas déplacés à côté des rois de nos belles forêts de France.

Le temple, objet de l'excursion, sera une heureuse préparation aux ruines d'Angkor, que nous allons visiter. A peu près de la même époque, son importance, quoique bien modeste à côté, n'en présente pas moins un réel intérêt. D'un beau plan régulier, Wat-Nokor ou le « faux Angkor » est enclavé dans plusieurs enceintes concentriques. La première, fort vaste, a à peu près disparu, on ne retrouve guère que des traces de portique. La deuxième enceinte, mieux conservée, présente des motifs de portiques d'entrée (un devant et un derrière) de petites proportions, aux murs tout garnis de figures sculptées. Les murs mesurent encore trois mètres en moyenne. A la suite, dans la cour (du côté de l'entrée) quelques banians de belle venue projettent leur ombrage sur deux bassins placés à droite et à gauche. La dernière enceinte, conservée en majeure partie comme le temple lui-même, était garnie d'avant-corps presque disparus. Enfin, l'enceinte sacrée est formée par une galerie avec huit motifs en pyramides, plus ou moins écroulés, elle peut mesurer une quarantaine de mètres de côté. Dans la cour intérieure se dressent un pnom, badigeonné de blanc, mais rehaussé d'ornements en bleu, et deux petits édifices fort délabrés. On a édifié depuis une pagode en bois soutenue par des colonnes décorées comme les parois. Elle abrite un autel à Bouddha, avec ornementation multicolore, que l'on serait tenté de prendre pour une cheminée décorative par sa forme. Les murs sont par parties ornés de sculptures, et l'on retrouve des débris mutilés dans tous les coins.

Des bonzes ont élu domicile en ce lieu ; ils gardent les sanctuaires que la piété des fidèles a élevés dans l'enceinte. Quatre pagodes et un pnom flanquent en effet la pagode centrale ; ces édifices plus ou moins riches, contenant naturellement des bouddhas (dont un couché), sont placés à droite et à gauche entre la deuxième et troisième enceinte. Extérieurement est une petite pagode chinoise et des paillottes pour les bonzes.

⁎

En dehors de ces ruines, qui seraient, paraît-il, antérieures à l'époque kmer, il en existe d'autres dont certaines fort curieuses, mais malheureusement le temps nous manquait pour aller les visiter, et nous savons qu'elles ont été déjà l'objet d'études dont la publication se fera prochainement sans doute. Les unes se trouvent situées à quelque quatre-vingt kilomètres au sud de Pnom-Penh, tandis que d'autres sont disséminées au nord du grand lac. Ces dernières consistent en vestiges de temples et en un pont fort curieux, nous a-t-il été affirmé. Le gouvernement a chargé plusieurs artistes de relever ces ruines, dont on ne soupçonnait même pas l'existence, pour certaines, il y a quelques années.

L'excursion classique du Cambodge, c'est la visite aux ruines d'Angkor. Elle peut du reste se faire facilement aujourd'hui, et chaque année les célèbres temples reçoivent un certain nombre de touristes attirés par la juste réputation dont jouissent ces vestiges importants d'une époque disparue.

Pour s'y rendre, on remonte le Tonlé Sap, le déversoir des grands lacs. Ce affluent des plus imposants du Mékong offre de pittoresques bords, surtout à l'époque de la baisse des eaux. Le long d'une partie des rives boisées, c'est une suite de paillottes sur pilotis garnies d'une sorte de galerie extérieure, devant lesquelles s'étend un bout de terrain conquis temporairement sur le lit du fleuve, et fécondé par un généreux limon. Sur ce sol vierge tout pousse à souhait. Au point de vue pittoresque, rien de plus charmant que ces modestes habitations de pêcheurs avec quelques pieds de bananiers, ou à l'abri de quelque touffe de souples bambous, ou encore d'un arbre aux pieds rongés par les eaux. Devant, une embarcation tirée à terre est pittoresquement accrochée à la rive, et une petite sente descend au fleuve sur lequel sont souvent installés de frêles édicules, d'un usage intime, et dans la construction desquels on remarque parfois une certaine recherche. Nombre de ces demeures plus ou moins branlantes ont souvent auprès d'elles entassée une provision de bois ou une certaine quantité de troncs d'arbres échoués sur la pente. Nasses et longs filets séchant accrochés à des bambous révèlent la profession de ces paisibles habitants des bords du fleuve. Le premier arrêt sérieux sur la route des Lacs est Kompong Luong, point de départ d'une jolie excursion aux tombeaux royaux du Cambodge. Par une délicate attention, l'employé du télégraphe (le seul indigène parlant français, à défaut de compatriote résidant dans la localité) avait fait préparer des charrettes à bœufs, et c'est dans cet équipage peu confortable que nous avons véhiculé pendant plusieurs heures à travers rizières et forêts, franchissant quelques gués où nos bêtes semblaient se délecter, au passage, de ce bain forcé. La première partie du chemin s'accomplit par une route, ne se prêtant certes ni à la bicyclette ni à l'automobile, mais bien encadrée de verdure où de beaux palmiers remplaçaient avantageusement les peupliers de nos routes nationales. Deux arrêts successifs nous permettaient de visiter des pagodes, dont la seconde présente un intérêt tout particulier. D'un plan régulier, avec enceinte à balustrade ajourée, elle renferme un sanctuaire exhaussé sur deux terrasses superposées, toutes ornées de figures et de singes et dragons, avec des motifs décoratifs, sortes d'écrans à tige. L'intérieur de l'édifice est rouge et or et les murs sont revêtus de grands panneaux peints; aux quatre coins intérieurs de l'enceinte se dressent des pnoms. Une halte en forêt nous permettait ensuite de nous restaurer, entourés d'indigènes qui, après quelques hésitations, finissaient nos restes et surtout vidaient nos bouteilles. Devant nous se dressait une colline à trois pointes inégales couronnées de pnoms et portant une pagode : là, sous une toiture élevée soutenue par huit fortes colonnes, un colossal Bouddha assis, de plus de quinze mètres de hauteur. Des escaliers pratiqués à travers la forêt permettent l'accès de ce beau belvédère, d'où la vue s'étend superbe sur cette partie du Cambodge : ce sont là les tombeaux des anciens rois ainsi que d'autres pnoms placés non loin. A quelques kilomètres est la petite ville d'Oudang; et plus proche une pagode va s'élever destinée à renfermer les restes de la reine-mère récemment décédée. Elle se trouve placée dans l'ancienne enceinte où s'étendait jadis un palais royal avec ses jardins. Au résumé, nous avions fait une agréable promenade et remerciions le soir, en dînant chez lui, M. le résident de la bonne idée qu'il avait eue en nous la facilitant.

RUINES D'ANGKOR

C'est là, disent certaines gens, un sujet bien souvent traité, mais je n'aurai pas plus la prétention de décrire avec science cette merveille de l'art humain, que de l'avoir découvert ; je me contenterai de communiquer au lecteur quelques impressions ressenties en face des ruines.

Sans nous arrêter sur la route, très

pittoresque, du Tonlé Sap, que nous venons de parcourir par la première et la plus attrayante partie, nous atteindrons les bords du petit lac au delà d'un curieux village sur radeaux, Kompong Chuang, qui est orné d'une belle pagode établie sur un terrassement fait de mains d'hommes. Les rives se resserrent par endroits au point que le vapeur qui nous porte n'a guère que trois ou quatre fois sa largeur ; la rivière, comptant du reste plusieurs bras, coule en pleine forêt, et il faut voir à notre passage les oiseaux de toute espèce s'envoler et passer à bonne portée, tandis que quelque crocodile montre son museau dans les broussailles, ou que quelque singe gambade dans les branches. Martins-pêcheurs, hérons et aigrettes se montrent le plus fréquemment, sans parler des pélicans, des canards; mais, n'étant pas disciple de saint Hubert, je n'ai pas ressenti les secrètes joies du chasseur.

Le grand lac est un colossal réservoir qui, aux plus basses eaux, mesure encore plusieurs mètres de profondeur ; mais malheureusement son orifice est obstruée, ne laissant qu'une passe étroite sur laquelle il ne reste que peu d'eau; aussi les grands bateaux sont obligés, pendant plusieurs mois, de suspendre leur service sur cette véritable mer intérieure, qui a, elle aussi, ses fureurs, parfois redoutables, paraît-il ; ses proportions sont du reste gigantesques, car elle peut mesurer jusqu'à plus de soixante-dix kilomètres sur trente au moins en moyenne.

Disons tout d'abord que la visite aux ruines peut relativement se faire facilement, grâce aux moyens de communication à peu près réglés aujourd'hui. Le bateau vient mouiller devant la forêt, qui à certains moments disparaît presque totalement sous les eaux. On trouve alors des pirogues ou sampans, qui, prévenus à l'avance, viennent cueillir les voyageurs; et c'est comme une navigation pittoresque à travers la forêt ; on va plus ou moins, suivant la saison, glissant sous ou entre la ramure des arbres, s'avançant le plus loin possible jusqu'au moment où, les chaloupes ne trouvant plus d'eau, on passe sur des charrettes à bœufs, dans lesquelles on est comme dans un panier à salade. On s'en va, secoué en tous sens, franchissant prairies ou marais, en suivant des routes souvent inondées, gagner le village de Siem Réap, longue enfilade de cases s'égrenant sur les berges d'une petite rivière des plus pittoresques dans ses encadrements de verdure. Chemin faisant, on est frappé de l'ingéniosité des habitants, qui ont su établir d'originales roues à palettes, sortes de norias, grâce à de rudimentaires barrages.

Un mode d'arrosage des plus simples est aussi usité ici. C'est-à-dire que l'on répand l'eau dans les jardins au moyens d'un système primitif consistant en une poutre levier, permettant avec un léger effort d'élever l'eau du fleuve pour la répandre dans les jardins grâce à une canalisation de bambous. A Siem Reap, que l'on atteint d'ordinaire en quatre ou cinq heures, il est un gouverneur siamois (car nous sommes au Siam) à qui l'on donne son passeport, le gouverneur siamois exigeant, paraît-il, cette formalité. Le village, qui compte, dit on, environ deux mille habitants, ne mesure pas moins de cinq kilomètres de longueur, et la sala ou cabane offrant un abri aux voyageurs, ainsi que la demeure du gouverneur, se trouvent à l'extrémité opposée de l'arrivée.

On quitte alors la rive droite de la rivière pour s'enfoncer dans une belle forêt, toujours avec les mêmes charrettes à bœufs que l'on a trouvées au terminus de la navigation. La distance à franchir dans ce beau cadre est d'environ huit kilomètres. Il y a là des coins superbes avec des arbres aux proportions colossales, mais je ne répandrai pas de l'encre dans une description sur laquelle je juge inutile d'insister. Plus d'un auteur épris de ces sauvages beautés s'est laissé aller à sa verve, et les poètes ont laissé libre cours à leur imagination sur ce sujet qu'on pourrait dire inépuisable. La forêt ici, avec ses géants aux hautes ramures, aux branches desquelles pendent les souples lianes, offre heureusement une ombre précieuse, surtout lorsque l'on roule dans ces charrettes qui soulèvent une peu agréable poussière sur ces terrains sablonneux.

Enfin, nous voici arrivés devant le temple colossal, découvert par les Portugais en 1570, et exploré à diverses reprises dans la seconde partie de ce siècle par plusieurs de nos compatriotes, comme Mouhot, de Lagrée, Delaporte, et, plus près de nous, M. Fournereau, pour ne parler que des principaux voyageurs. Les ruines reçoivent, paraît-il, une centaine de visiteurs annuellement, et même plus parfois, pour le plus grand nombre Français résidant en Indo-Chine.

Le temple dit Ankor-Wat est d'un plan d'ensemble régulier se composant de plusieurs enceintes concentriques. La première était une balustrade de près de huit cents mètres de côté sur plus de treize cents mètres. La seconde, séparée par un vaste fossé que franchissent de gigantesques chaussées de pierre, est une galerie de deux cent dix mètres de côté avec des portiques. A l'intérieur, la chaussée se poursuit ; à droite et à gauche, on a établi des paillottes pour les visiteurs.

D'autres sont occupées par les bonzes qui gardent les ruines. On trouve là des galeries doubles, en enfilade, à piliers carrés (ce qui du reste existe dans tout l'édifice). Les murs sont revêtus de sculptures, rappelant les décorations des temples égyptiens: ce sont de grandes scènes, dont la plus curieuse représente la lutte des hommes contre les singes. Il y a là des milliers de figures d'une belle conservation.

On trouve au delà un motif de quatre cloîtres accouplés, flanqués de cours où se dressent deux petits temples isolés. La terrasse suivante, carrée, comporte encore une galerie double encerclant le temple à proprement parler, qui se dresse fièrement à une quinzaine de mètres au-dessus avec ses cinq tours dômes toutes sculptées, reliées entre elles par des galeries de plan cruciforme, ménageant quatre bassins. Des escaliers gigantesques coupent la ligne des soubassements. Au centre est donc le sanctuaire où un Bouddha à quatre faces regarde les quatre points cardinaux. Ce « dôme central » mesure dans les soixante-dix à soixante-quinze mètres. Involontairement, en face de ce monument, je songeais aux grands gopuras des temples hindous tout chargés de sculptures auxquels je trouvais plus de grâce. Si tous les piliers monolithes du temple sont carrés et ne comportent que de modestes bases et chapitaux, les baies sont fermées par des colonnes pareilles, mais ouvragées et tournées, ayant l'aspect de balustrades de bois. Enfin l'édifice entier est en grès gris, qui ne prend des tons variés que sous les reflets d'embrasements célestes, n'ayant pas de couleur par lui-même; c'est là un charme de moins au point de vue artistique. Aussi on peut donc dire que, si le monument impose par ses dimensions vraiment extraordinaires, il peut paraître un peu triste à nombre de contemplateurs.

A quelques kilomètres, la forêt semble cacher jalousement des ruines également gigantesques. C'était là que s'étendait une grande cité disparue depuis des siècles, Angkor Tom. Une enceinte de quinze kilomètres l'entourait, précédée d'une vaste fosse de cent mètres de largeur sur quatre à cinq mètres de profondeur. Une chaussée reliait la ville au temple. Avant d'y parvenir, on laisse à gauche un édifice sur un tertre auquel on accède par des escaliers, sur lesquels des lions semblent monter la garde. Des tours la couronnent. Quelques minutes après, on pénètre dans l'enceinte de la cité, par une porte ogivale d'amples proportions. L'enceinte, précédée de son large fossé de cent mètres, se retrouve sous la verdure dans presque tout son pourtour. A l'intérieur, cachées dans la forêt épaisse, on retrouve des traces de chaussées, comme la chaussée dite des éléphants, de murs d'enceinte, de terrasses, des palais ruinés aux ouvertures carrés, des temples, le Baion surtout avec ses tours, pyramides et pyramidons, où grimacent de gigantesques figures fendues par les efforts des ans et d'une végétation que rien n'a pu arrêter. Il y a encore une terrasse sur laquelle est une statue dite du roi lépreux (on ne sait pourquoi) et auquel on attribuerait la création de la ville ; nous laissons les savants discuter... On pourrait aussi citer des tours en pyramides groupées, etc...

Au résumé, il y a là un amoncellement de ruines, vraiment de premier ordre avec accumulation de sculptures, décorations, représentant un travail colossal, vraiment bien fait pour stupéfier même les plus indifférents.

J'ajouterai qu'il existe encore d'autres ruines de l'époque kmère, auxquelles j'espère pouvoir consacrer également quelques lignes dans d'autres circonstances.

LAOS

LAOS

Après avoir vu une colonie directe comme la Cochinchine, puis un pays de protectorat comme le Cambodge, nous allons encore visiter un territoire conquis par les armes françaises qui, à l'heure présente, finissent de soumettre quelques tribus sauvages restées jusqu'ici indépendantes. Cette vaste région, encore imparfaitement délimitée, qui comprend la majeure partie de la vallée du Mékong, rive gauche s'entend, la droite étant encore occupée par les Siamois, à l'exception du royaume de Luang-Prabang, comme on sait, n'a pas une surface moindre d'environ la moitié de la superficie de la France. C'est assez dire quelles sont ses vastes proportions, car elle englobe également les vallées des rivières affluents du Mékong qui descendent des montagnes de l'Annam ; sa population peut être évaluée à 600,000 habitants dont 200,000 khas. La variété des races est grande du reste dans la région ; mais avant d'entrer dans les détails techniques, voyons donc les moyens d'accès pour pénétrer dans ce pays dont le régime climatologique est à peu près le même que celui des pays limitrophes, mais où l'on constate de plus, à certaines époques, de très hautes températures (en avril et mai le thermomètre dépasse parfois + 42 degrés centigrades). La route la plus directe pour y arriver est naturellement la voie fluviale du Mékong, malgré toutes les difficultés que présente cette grande et capricieuse artère indochinoise. J'ai donné plus haut les principaux jalons de son colossal parcours ; notre intention ne saurait être d'entrer dans tous les détails du régime hydrographique, auquel on pourrait consacrer un volume entier ; mais il suffira, je crois, de détacher quelques feuillets de mon journal de route pour donner au lecteur une idée des obstacles naturels que présente le Mékong, pour qu'il puisse jamais être classé dans les voies régulièrement navigables. La navigation à vapeur s'y fait par fractions, régulièrement toute l'année jusqu'à Kratié, puis dans quelques biefs supérieurs plus ou moins longs ; et temporairement, suivant la saison dans certaines parties comme entre Kratié et Stung-Treng où les vapeurs ne circulent qu'aux très hautes eaux. Dans ce parcours, on rencontre les premiers rapides, plus ou moins dangereux, suivant la saison. Ce sont ceux dits de Semboc, de Ka Phlong, où périt récemment l'ingénieur Rulhe, venant de prospecter sur la rivière d'Attopeu et de Préapatang, ceux-ci s'étendant sur plus de quinze kilomètres.

Après que le vapeur des Messageries fluviales, qui dans la nuit avait touché à Crauchemar vis-à-vis de la vaste concession de 450 hectares accordée au R. P. Lazare, primé pour ses tentatives de culture, après donc que le « Bassac », un bon type de bateau fluvial à faible tirant d'eau et à double hélice, m'eût déposé à Kratié, il fallait embarquer sur une pirogue. La compagnie avait eu, il est vrai, l'amabilité de m'envoyer une pirogue nouveau modèle qui, quelque temps auparavant, avait eu l'honneur de porter les rois de Luang Prabang. Ce véhicule fluvial mérite du reste une mention particulière à cause de son aménagement bien compris. Sur une pirogue, creusée suivant l'usage dans un gros tronc d'arbre ouvert et écarté au feu, et d'une longueur d'une douzaine de mètres environ, se dresse une cabine d'à peu près un mètre soixante centimètres de hauteur, sur trois mètres de longueur et plus d'un mètre cinquante centimètres de largeur. Elle renferme deux coffres formant couchette et est munie d'une tablette mobile. Fermée aux deux extrémités par des portes, elle est éclairée et aérée par quatre lucarnes munies de persiennes. L'installation, comme on le voit, est suffisante pour quelques jours quoique exigue, cela va sans dire. On peut la compléter par un attirail culinaire... La compagnie du reste paraît ne pas vouloir s'arrêter en si bonne voie puisqu'elle fait construire un type d'embarcation dans le même genre, mais plus vaste et plus confortable encore... Maintenant que le lecteur connaît notre mode de transport, qu'il veuille bien partager notre existence pour quelques jours ; je dis « notre » car le hasard m'a donné comme compagnon de route un brave enfant de Bretagne, allant rejoindre son poste sur le haut fleuve.

A Kratié, comme partout du reste, j'avais reçu le plus cordial accueil et j'avais vu non sans intérêt des échantillons d'étoffes de soies de couleurs tissées par les indigènes. Elles mesurent environ un mètre sur deux et valent une dizaine de piastres, ce qui n'est relativement pas cher, si l'on songe au travail déployé.

Devançant donc le convoi des marchandises, car le transbordement de nombreuses caisses sur les pirogues couvertes de modestes abris en joncs demandait plusieurs heures, nous partions dans l'après midi du 19 décembre dernier sous l'impulsion de six vigoureux piroguiers, aux torses et aux jambes nues, plus ou moins tatoués. Leur peau, brûlée par le soleil, avait des reflets d'un ton rouge brun, inconnu des fondeurs, mais d'un bel éclat métallique. Quant à leur costume, il était des plus sommaires, et les frais de tailleur ne devaient guère gêner le budget annuel de ces braves gens. Leur petit bagage consistait en un sac de riz, leur nourriture habituelle, comme on le sait, à laquelle venait s'ajouter quelque poisson ou quelques fruits et une boîte renfermant le tabac, le bétel, c'est-à-dire les feuilles, la noix d'arec et la chaux rouge qui produit cette salivation d'aspect sanguinolent.

J'avais donc procédé à mon installation dans mon minuscule hôtel flottant, et nous venions de nous mettre en route que je m'apercevais que cette navigation ne devait pas me réserver le calme reposant rêvé par mon imagination. Tandis, en effet, qu'un piroguier se tenait en équilibre sur l'avant relevé de l'embarcation, que le chef piroguier, debout sur la plate-forme d'arrière, dirigeait au moyen d'un fort aviron, l'équipage, muni de perches souples en bambou, semblait danser une sarabande autour de nous, s'encourageant par instants de la voix, poussant des cris que n'arrivait pas à me traduire mon boy-interprète, ces damnés piroguiers faisaient, courant sur une planche disposée sur les bords de la pirogue, une sorte de promenade circulaire autour de nous, plongeant leur perche dans le fond de l'eau, mais imprimant à chaque poussée à notre embarcation un mouvement d'inclinaison plus ou moins prononcé : c'était un véritable roulis fort irrégulier. Il était tel que nous avons dû renoncer à écrire et à dessiner, ainsi que j'avais pensé pouvoir le faire pour me distraire des longueurs de la route. A cette singulière gymnastique a succédé une marche plus rationnelle, les mêmes allant et venant, divisés en deux groupes, chacun sur un bord, mais le roulis, quoique moins fort, a néanmoins continué ; seule, la marche à la pagaie, malheureusement trop peu usitée, nous laissait quelque repos. Durant cette première étape, qui nous conduisait à Samboc, à plusieurs reprises des hommes tombèrent à l'eau, perdant l'équilibre, ou entraînés par leur perche, dont la pointe restait engagée dans le fond. Le fait s'est, du reste, reproduit les jours suivants sans accident, ces coolies étant d'excellents nageurs; le fait peut devenir plus grave dans les remous et tourbillons des rapides, cela va sans dire. Quant aux accidents provenant du chef des crocodiles, fort nombreux ainsi que nous avons pu nous en rendre compte, ils sont heureusement très rares.

A la nuit nous accostions la terre, les hommes faisaient des feux et se groupaient autour après le souper. Quant à nous, nous avions pris le parti de ne pas quitter notre chambre flottante. Et chaque soir on choisissait un atterrissage facile, une greve généralement, ou une berge peu escarpée, à l'heure délicieuse, où l'implacable et redoutable soleil s'enfonçait à l'horizon, colorant le ciel des plus riches couleurs qu'une imagination d'artiste eût pu rêver. Ces spectacles, chaque soir variés, évoquaient en moi mille souvenirs divers... Puis la nuit venue, c'était l'heure du recueillement..... On songeait à la patrie lointaine, aux parents, aux amis, qui, de là-bas, nous suivaient peut-être en pensée..... On revenait en arrière sur les années écoulées.... On pensait à l'avenir à... on n'oubliait pas les êtres chéris que la mort vous a hélas, ravis ! Puis avec les ombres de la nuit, le sommeil venait clore nos paupières.

Que nous nous sentions loin, mais aussi que de souvenirs, d'impressions!

Le lendemain, c'était le 20 décembre, nous passions les premiers rapides, et plus d'une fois les hommes durent se mettre à l'eau pour soulager l'embarcation, la tirer, la pousser, la remettre à flot, la porter presque par endroits ; nous heurtions des roches à tout instant, le courant nous drossait ; à un passage les piroguiers durent s'atteler à la pirogue, qui bondit presque littéralement sur le fond, heurtant les arbres et broussailles, entre lesquels nous nous faufillions : l'humus entraîné est, en effet, déposé dans les fentes des roches qui se couvrent ainsi d'une végétation quasi-aquatique. Bien souvent on croirait naviguer au milieu d'une forêt inondée, et c'est du reste la réalité bien souvent avec les crues énormes de ce fleuve, sujet à des débordements dont on n'a pas idée. C'est ainsi qu'à Kratié on compte jusqu'à plus de dix-sept mètres de différence de niveau entre les hautes et basses eaux, et la hauteur de huit à dix mètres est très courante. On peut par là se faire une idée des immenses surfaces de territoire que l'eau recouvre certains mois chaque année. Le fait est moins accentué au Laos, où le sol est plus relevé en général et où l'on n'a pas autant à souffrir des débordements annuels. C'est même là un avantage fort appréciable à certains points de vue, et c'est ainsi que l'élevage, du buffle spécialement, réussit très bien dans ce pays, pour lequel il est une bonne source de produits, alors qu'il n'est pas praticable plus bas. Reprenons le cours de notre navigation originale, mais qui, quoique pittoresque, lasse vite avouons-le, malgré la nouveauté du spectacle et les aspects plus ou moins pittoresques que présente le Mékong. Il va sans dire que le voyage devient encore moins supportable lorsque l'on est obligé de se tenir la majeure partie du jour accroupi, ou étendu sous le roufle paillotte, comme cela nous est arrivé plus haut sur le fleuve. Parfois, il est vrai on peut tirer quelque gibier, mais le coup de fusil est mal assuré avec le mouvement de la pirogue.

Néanmoins, les jours suivants, nous avons pu ajouter un plat à notre ordinaire et suspendre l'usage des conserves. Il va sans dire qu'on ne trouve rien à acheter le long du parcours, et pour une bonne raison, c'est que l'on traverse toujours la forêt sauvage. On passe d'un bras dans l'autre, car le Mékong est souvent semé d'îles, dont certaines énormes, comme la grande Ka Lognieu, ne mesurant pas moins de 45 kilomètres, sur une lieue de large en moyenne. Il atteint alors des largeurs inusitées; c'est de la sorte qu'un peu plus haut on compte jusqu'à 12 et 15 kilomètres d'une rive à l'autre. Dans les grandes largeurs, la nappe d'eau des bras principaux dépasse facilement le kilomètre; aussi on ne peut s'empêcher d'admirer ce beau et majestueux fleuve, tout en regrettant qu'il ne soit pas moins capricieux. Quelle belle voie de pénétration il ferait alors...

Je passerai sous silence les échantillons de la faune locale que l'on est susceptible de rencontrer en cours de route; c'est parfois quelque échassier, morne marabout, ibis, pélican, héron, debout sur une pointe de roche, ou une bande d'oiseaux, variété d'aigrette, au blanc plumage, ou encore quelque tourterelle ou canard. A la tombée du jour, il n'est pas rare d'apercevoir des chevreuils, des cerfs ou bien des sangliers. Ces épais couverts de la sombre et mystérieuse forêt abritent aussi des hôtes d'une rencontre moins aimable, comme des panthères ou des tigres. On nous a montré des empreintes de ces derniers sur le sable humide; ils étaient venus se rafraîchir au fleuve. La race redoutée des rampants est également riche en variétés, mais les serpents sortent surtout le soir, et il faut éviter dans l'obscurité de les heurter du pied,

Les insectes sont aussi très nombreux, et les harcelants moustiques, sans être dangereux, n'en sont pas moins fort désagréables. Il en est de même de petites sangsues des bois, véritables plaies à certaines époques.

Sur cette partie du fleuve où nous naviguions les 20, 21, 22 décembre et jours suivants, quelques balises en pierre ont été élevées pour indiquer le chenal que les pilotes doivent bien connaître pour s'y risquer. On a cherché également à jalonner le fleuve, mais la plupart des balises flottantes ont été enlevée à la première crûe. L'hydrographie du fleuve, que l'on a essayé de relever par parties, est du reste bien incomplète encore.

Le 23 décembre, nous avions laissé derrière nous la grande île dont la concession avait été accordée à des pionniers de colonisation qui ont dû abandonner l'entreprise, faute de capitaux. Il fallait, et c'est ce qui manque, amener de la population et la fixer… On manque de bras et la Compagnie elle-même a parfois du mal pour recruter le personnel nécessaire au transport des marchandises dont l'importance semble vouloir s'accroître. Après Oblong-Cla la navigation présente moins de difficulté. Il en est de même jusqu'à la l'île de Khòne, qu'une chaloupe à vapeur peut atteindre en tous temps.

Une belle situation sur le Mékong est, sans conteste, l'emplacement occupé par le poste naissant de Stang-Treng, presqu'au confluent de la Sé-Kong ou rivière d'Attopeu et la Sé-San, descendant toutes deux par soubresauts des plateaux annamites pour apporter le tribut de leurs eaux au grand fleuve. Là encore, la plus aimable réception nous était faite et nous célébrions la Noël dans l'intimité des quatre compatriotes qui forment toute la colonie.

Quelques heures nous permettaient d'atteindre le sud de la célèbre petite île de Khône située à la hauteur des fameuses chutes du Mékong, qui ne rappellent en rien les chutes du Niagara, il faut le dire de suite. Très difficiles d'accès, ces chutes sont plus ou moins importantes, suivant la saison ; elles atteignent leur maximum de hauteur à la saison sèche, car alors le ressaut apparaît dans son entier, tandis qu'au moment des hautes eaux les rochers disparaissent presque totalement sous la colossale couche liquide. Le fleuve étant coupé par un groupe d'îles et îlots, on compte plusieurs chutes, dont trois principales, les plus imposantes occupant quelques centaines de mètres de largeur sur douze à quinze mètres de hauteur environ. Au pied des cascades ou cataractes se sont creusés d'insondables entonnoirs et défilés où les les flots s'engouffrent en écumant avec un bruit terrible, que l'on entend de fort loin. Cet obstacle insurmontable au point de vue navigation a nécessité la construction d'une petite voie ferrée étroite, dont le matériel consiste en une petite machine remorquant une plate-forme à voyageurs et quelques prolonges.

Un chinois cumule là les fonctions de mécanicien, chauffeur, conducteur, chef de train, serre-freins, mais pas de contrôleur..... Il n'existe, du reste, on peut dire, ni gare, car on ne peut donner ce nom à un hangar-paillotte qui sert à abriter voyageurs et marchandises, ni bureau de factage et encore moins de guichet pour la distribution des billets. A l'autre extrémité de la ligne, c'est-à-dire à Khône-Nord par opposition à Khône-Sud, on trouve l'installation des messageries fluviales avec un petit appontement. Cette minuscule voie ferrée, qui mesure une bonne lieue, est tracée sommairement au milieu de la forêt que l'on commence à exploiter. C'est cette voie qui a permis le transport sur des treuils de plusieurs chaloupes à vapeur desservant les biefs supérieurs reconnus navigables.

Il nous restait encore plusieurs heures de pirogue à faire pour gagner l'île où s'élève, j'allais dire la capitale du Laos, c'est-à-dire le lieu de l'installation du résident supérieur qui faisait ses préparatifs de déménagement, ayant pris le parti de transporter son chef-lieu sur le haut fleuve à Vien-Tiane.

Naturellement Kong n'a rien des aspects d'une ville ; la résidence consiste, ou plutôt consistait, en la demeure du gouverneur, le poste des miliciens et quelques habitations occupées par le commissaire, le docteur, le commis, l'agent des postes et autres fonctionnaires, et échelonnées le long d'une route au-dessus de la berge, assez haute aux basses eaux. Lors de mon passage, trois charmantes compatriotes représentaient l'élément féminin perdu dans ces lointains parages. A défaut de tour d'inspection on arpentait le soir les quelques kilomètres de route tracée dans l'île qui domine une suite de petites collines boisées. On pratiquait le cheval, ou l'on usait de la voiture, car il y avait une voiture à Kong et même une bicyclette ! Le resident possédait une chaloupe à vapeur et des pirogues. L'élément indigène du village compte quatre à cinq cents individus. Comme dans tout village laotien il y a trois pagodes-bonzeries, une à chaque extrêmité et une vers le centre. Elles sont forcément des plus modestes. Quelques négociants chinois sont également installés dans le pays... Où n'y en aurait-il pas ?

La réception la plus cordiale m'attendait là encore, et je ne saurais oublier les quelques jours passés en bonne et aimable compagnie.

Au delà la Compagnie entretient une chaloupe à vapeur remontant jusqu'à Pakmoun aux hautes eaux. Puis viennent les fameux rapides de Kemmerat, qu'on ne peut franchir toute l'année qu'en pirogue et non sans difficulté et même danger, surtout à la descente. Cette dernière s'effectue du reste au moyen de sortes de radeaux de bambous sur lesquels on élève une paillotte abri. Plus d'un passage n'est pas sans provoquer des émotions très légitimes du reste. Ces rapides mesurent environ cent cinquante kilomètres de longueur en chiffres ronds, et si leur descente extra rapide ne demande que quelques jours, la montée exige parfois plus de quinze longues journées. A partir de Savanna kekt il existe un long bief navigable, sauf de légers intervalles jusqu'à Vien Tiane, un centre où subsistent d'intéressantes ruines, que nous avons eu le regret de ne pouvoir visiter. De là c'est encore aux pirogues qu'il faut avoir recours pour atteindre Luang Prabang, la capitale du royaume nouvellement annexé à notre colonie d'Indo-Chine.

Si à Vien Tiane on peut voir des ruines de palais et pagodes comme le Tat Louang, important et curieux édifice rappelant certains édifices birmans, ou le Sisaket, ou même le Wat Prakeo, ou le Piea Wat, ou le Wat-Ong-Teu et autres, par contre Luang Prabang est dominée par le Tat doré juché au haut de sa colline et où des veilleurs frappent les heures à coups de tam-tam. Le palais du roi serait, paraît-il, d'un intérêt fort relatif, ainsi que les pagodes de cette capitale qui compte environ dix mille âmes. Cette ville de paillottes est un marché important, où l'on rencontre des représentants des races les plus variées.

A propos de notions techniques il ne faut pas oublier que ce royaume de Luang Prabang, que nous possédons depuis 1893, s'étend encore bien au nord presque jusqu'à la frontière du Yunnam et est bordé par les Etats Shans et le Siam. Il ne mesurerait pas moins de près de 75 kilomètres carrés sur une longueur variant entre 485 kilomètres du nord au sud et une largeur approximative de 325 kilomètres de l'est à l'ouest. Sa population serait évaluée à plus de 150,000 habitants où les Laotiens et les Khas seraient à peu près également répartis, mais auxquels il faudrait ajouter des Phaïs, des Younns, des Lhus, des Méos, des Yaos, des Ilos et des représentants de diverses autres races peu connues. Toute cette région nord du Haut Laos est très montagneuse, et on y trouve des sommets dépassant même 1,000 mètres.

On peut ajouter qu'il y coule également des rivières d'une certaine importance, malheureusement torrentueuses en général, et que la connaissance du pays demande à être approfondie. Quant à la partie du royaume située sur la rive droite du Mékong elle englobe les sources de la Meïnam et nous assure un débouché intéressant vers le Siam, la voie de Paklay à Pitchaï, au-dessous d'Outaradit, pour les communications avec Bangkok.

La race laotienne aupoint de vue ethnographique rappelle les peuples voisins, siamois, cambodgiens, mais on pourrait dire mieux. Les hommes sont souvent bien découplés et vigoureux. Le véritable vêtement consiste dans le sampot ou langouti, auquel certains ajoutent une pièce d'étoffe, quelques autres même une veste parfois. Ils sont doux quoique fiers et ne travaillent que pour leurs besoins, et maintenant en plus pour payer l'impôt. Ils sont hospitaliers et superstitieux, mais moins que certaines tribus comme les khas et autres, inférieures à eux à divers points de vue. Assez portés à la gaieté, ils aiment la musique, pour la pratique de laquelle ils fabriquent des instruments simples dont certains, comme une sorte de longue flûte de pain, faite de bambous accouplés, présentent un réel intérêt pour la qualité des sons qu'ils arrivent à en tirer. Leurs airs doux rappellent surtout certaines mélopées au rythme lent. Parmi les femmes, on rencontre parfois des types réguliers, et quelques-unes, bien proportionnées, ne manquent même pas quelquefois d'un certain charme. Elles recherchent assez les bijoux en métal précieux, les plus courants sont des boucles d'oreilles et de grands bracelets en argent. Le code laotien protège tout particulièrement la femme et ce n'est pas impunément qu'on lui manque de respect. Elle est difficilement approchable, j'allais dire, et elle se fait volontiers courtiser; si elle semble donner son contentement au mariage en se faisant prier, par contre, le divorce est chose facile et le mariage a lieu aussi facilement. Les enfants suivent généralement la femme. Dans une aussi courte étude, je ne saurais m'étendre davantage sur ce peuple, pas plus que sur les tribus khas et autres que j'ai énumérées plus haut. J'ajouterai que les Khas, qui ont difficilement abandonné leur indépendance et étaient restés jusque là dans leurs montagnes ou leurs villages fortifiés, perdus dans l'épaisse forêt, commencent à descendre sur les bords du Mékong. J'en ai vu plus d'une fois et j'ai même braqué sur eux mon appareil photographique, qui ne les effarouchait pas le moins du monde.

Quant aux Bahnars et aux Cedangs, occupant le bas Laos, on sait le grand service rendu à la cause française par nos intrépides missionnaires qui ont évangélisé ces sauvages avec succès.

Chez ces populations restées à demi barbares pour la plupart, on trouve encore des instruments et des armes rudimentaires, comme des lances et des arbalètes en bois dur avec lesquelles ils s'attaquent au tigre, qu'ils percent de flèches de bambou empoisonnées.

Comme monnaie dans le Laos, la piastre circule partout, cela va sans dire, mais on trouve encore des barres d'argent d'une valeur de quinze piastres. Pour les échanges, chez les sauvages, ce sont les bouteilles vides qui sont plus particulièrement recherchées.

Au point de vue culture, en dehors du riz on cultive encore au Laos le maïs, le coton, l'indigo, le pavot, le tabac, mais ce dernier dans de faibles proportions relativement. On trouve aussi le benjoin, l'ortie de Chine, d'un si grand usage, etc.

Le pays, par exemple, est d'une richesse exceptionnelle au point de vue forestier. Les forêts, immenses, renferment des bois d'essences rares et surtout durs. Il existe des arbres superbes et de grande valeur marchande ; malheureusement l'exploitation en est difficile comme accès et à cause du manque de main d'œuvre. Les éléphants, si précieux pour la traction, manquent malheureusement, et les cent ou cent cinquante bêtes capturées chaque année ne restent pas dans le pays, achetées par des Siamois ou des Birmans. On songe du reste à prendre des mesures à cet égard. Les forêts offrent encore d'autres sources de profit, comme la récolte de la gomme gutte et celle du cardamome, négligée jusqu'ici et susceptible de donner des résultats très rémunérateurs. Je n'ai pas parlé des teks, dont la valeur est proverbiale et pour l'exploitation desquels il n'a été fait jusqu'ici que quelques tentatives. De même pour d'autres essences de valeur, qui ne comptent plus dans cette région où elles foisonnent. On trouve encore, chose plus rare, des rotins...; mais je n'en finirais pas s'il fallait tout passer en revue.

Au point de vue des richesses minières, on pourrait encore dresser une assez longue liste. Ne parlons pas des grès, schistes, calcaires, marbres même, etc... mais il faut signaler la présence du fer d'abord, exploité par les Khas eux-mêmes; du cuivre, du plomb, du charbon, du sel gemme, de la galène, du soufre, du salpêtre, de l'antimoine, de l'alun, de l'étain, et des métaux précieux et pierres fines, dont l'existence a été constatée à diverses reprises par des personnes compétentes. L'argent aurait été ainsi exploité jadis par les Chinois; quant à l'or, tout le monde a entendu parler de la région aurifère d'Attopeu, prospectée avec soin, mais négligée faute de bras, paraît-il. L'or s'y présente sous deux aspects : en pépites dans les terrains d'alluvion ou enchassé dans le quartz. D'après les dernières constatations, il y aurait là un centre d'exploitation absolument digne d'intérêt. On trouve du reste le précieux métal sur plus d'un autre point...

Avis aux amateurs.

Comme on vient de le voir par ce rapide aperçu, le Laos mérite donc à tous égards que les Français qui croient aux bénéfices de la colonisation s'en occupent, et, pour ma part je me fais un devoir d'attirer l'attention sur cette région encore peu connue mais si intéressante. Enfin je ne saurais mieux faire que de conseiller à ceux que la question captive la lecture si instructive du remarquable rapport adressé au gouverneur général par le distingué résident supérieur, qui joint aux qualités militaires, dont il a su donner des preuves, celles, non moins appréciables, d'administrateur colonial.

TONKIN

TONKIN

Avant de rappeler sommairement par suite de quelles circonstances la France a été amenée à porter ses armes vengeresses dans cette partie de l'Asie, située, on peut dire, en dehors des grandes routes maritimes suivies, il m'a paru intéressant de dire deux mots de la voie par laquelle on arrive d'ordinaire au Tonkin. On pourrait aussi s'y rendre, en faisant presque le tour du monde, par l'Amérique, le Japon et la Chine, et ce, presque dans le même laps de temps; mais le chemin généralement fréquenté est la voie de la Cochinchine, comme personne ne l'ignore, soit que l'on prenne la Compagnie des Messageries nationales ou que l'on s'embarque sur un des grands bateaux de la

Compagnie nationale de navigation, qui relie directement la France au Tonkin, sans transbordement, mais n'a qu'un service par mois, tandis que les Messageries, grâce à leurs navires annexes, assurent un courrier par semaine, en correspondance avec la ligne de Chine et les bateaux anglais touchant à Saïgon.

Ceci dit, supposons-nous à Saïgon, que nous connaissons et, ami lecteur, veuillez encore vous embarquer avec moi, sans bouger de votre chaise, ce qui vous évitera d'être atteint de ce terrible mal de mer dont vous pourriez peut-être être la victime, car le golfe du Tonkin est loin d'être toujours clément, surtout quand souffle violemment la mousson de N.-E.; j'en sais quelque chose, pour ma part, je vous en réponds, et j'avoue que j'avais assez de ce jeu de balançoire prolongé... mais ce sont là des incidents fréquents auxquels le vrai voyageur ne saurait s'arrêter.

Laissons donc s'enfuir derrière nous le port où les navires de guerre éblouissent sous leurs blanches couleurs, comme si on avait voulu les revêtir du classique vêtement blanc qui donne parfois le soir, aux promeneurs, la physionomie de spectres — c'est du moins l'impression qu'il nous souvient avoir ressentie un certain soir à la musique, alors que la lune promenait son disque lumineux au-dessus de nos têtes — et descendons la large rivière entre les palétuviers.

Au passage, saluons le cap Saint-Jacques dont le port, garni de joncques, est un désagréable présage pour la traversée. La mer, du reste, couverte d'écume, est d'une vilaine couleur, mais notre bateau, l'*Eridan*, une vieille connaissance, est un gaillard robuste, bien chargé de plus, et qui en a vu bien d'autres. Malgré son âge respectable, il est encore solide, surtout depuis qu'on lui a infusé un nouveau sang sous la forme d'une machine neuve. Enfin il est commandé par un brave marin, qui compte autant de chevrons que son navire. Dans de telles conditions, nous n'avons donc rien à craindre...

Après quelques heures de traversée, on relève une pointe sur laquelle, par juste prévoyance, a été érigé un phare : c'est le cap Padaran. Déjà nous avons un aspect de ces côtes de l'Annam, toutes découpées et dentelées, présentant souvent plusieurs plans de montagnes, reliefs de sol fort accidentés, dont les silhouettes pittoresques contrastent étrangement et agréablement avec les côtes désespérément plates de la Cochinchine. Certains points de ces rivages annamitiques évoquent chez moi des souvenirs lointains ; je me rappelle des aperçus de la côte calabraise, ou encore quelques échappées sur nos incomparables rives méditerranéennes. La mer elle-même, du reste, revêt cet aspect du grand lac bleu, avec ses flots picquetés de la blanche neige d'écume lorsque la mer d'azur est légèrement fouettée par la brise. Pendant des heures entières on ne perd pas de vue cette côte, où les yeux cherchent en vain quelques traces de villes ou villages. Pas la moindre hutte n'apparaît. Sur la mer, du reste, même solitude... pas une voile à l'horizon. Au pied des monts, des rochers se silhouettent plus brillants de couleur, et la montagne elle-même tombe souvent brusquement dans la mer en falaises escarpées. La première escale est Nha-Trang, dont le centre européen, composé de quelques bâtisses, s'abrite au fond d'une baie malheureusement peu profonde en eau. Le cadre est fort beau ; tout autour, ce ne sont que montagnes se superposant avec des arrières-plans élevés, dont les sommets se perdent dans les nuages, derniers ressauts des contreforts de la chaîne annamitique. C'est là derrière que se trouve le plateau du Lang-Bian, d'une altitude moyenne de 1,500 à 1,800 mètres, où il est question de créer un sanatorium, comme on s'en souvient. On mouille loin, très loin même de l'endroit où sont établis les Européens et où se dresse l'institut Pasteur, à la tête duquel est le docteur Yersin, tantôt à droite, tantôt à gauche, à l'abri d'une des nombreuses îles qui masquent l'entrée de la baie. Pour nous, l'arrêt se fait devant le poste de la douane. L'ancre a à peine croché le fond que le navire est entouré de joncques aux voiles minables en jonc tressé, ou de plus modestes pirogues faisant eau de toutes parts... Mais c'est là un spectacle qui nous est familier maintenant.

Malgré l'obscurité, relative, car nous avons abordé à la nuit, mais par une nuit de belle clarté lunaire, les contours du rivage apparaissent couverts de verdure, au pied de laquelle tranche le sable jaune des plages. Au petit jour nous levons l'ancre, et alors nous défilons lentement dans l'encadrement des montagnes, comme dans un de ces beaux fjords dont la nature s'est complu à parer les côtes de la frustre Norvège.

La distance qui nous sépare de l'escale suivante est moins considérable, car si l'on compte deux cent cinquante milles marins depuis Saïgon nous n'en trouvons que trois cents cinquante milles pour atteindre Qui-Nhon.

La baie, peu profonde également, est malheureusement ouverte au sud-ouest, elle est bien encadrée de montagnes, mais son aspect est loin d'être aussi pittoresque que celui de la station précédente; sur une vaste plage s'élèvent, encadrés de verdure, les habitations européennes.

Dans ces diverses escales, l'arrivée du bateau est une distraction, dont la plupart des Européens résidants cherchent à ne pas manquer l'occasion...

Mais plus nous montons vers le nord, plus le temps se rafraîchit, et nous sommes bientôt heureux de troquer nos costumes de toile contre des vêtements de drap — et j'avoue que c'est avec plaisir que je puis sortir de la malle un complet parisien quelque peu fripé mais que les fourmis ont heureusement épargné...

Nous marchons toujours, pas assez vite au gré de la plupart des voyageurs, et notre allure est ralentie par le vent contraire ; mais néanmoins nous avançons, et bientôt 528 milles sont faits, quand par un temps bouché, comme disent les marins, nous allons mouiller dans la baie de Tourane, belle et vaste baie, bien encadrée par partie du moins, mais manquant aussi malheureusement de fond, à tel point que nous devons rester à l'entrée par huit mètres d'eau. Malgré la pluie qui tombe on distingue les lumières de la ville, dans l'éloignement, et une éclaircie du ciel, au lever du jour, nous permet d'apercevoir la silhouette de la montagne portant le col des nuages que nous aurons l'occasion de revoir.

Enfin vingt et quelques heures après, nous atterrissions en vue des côtes tonkinoises, à 832 milles de Saïgon.

J'avoue que cette arrivée au Tonkin n'avait rien de réjouissant. Il pleuvassait, faisait froid et une grande houle balançait le navire à qui l'entrée de la rivière était interdite, faute d'eau sur la barre. Devant nous se profilait une côte sans intérêt, précédée d'une île (Hondau) portant un phare. A l'entrée de la rivière, sur un petit promontoire, on apercevait les modestes cottages de la station balnéaire de Do-Son, le Trouville tonkinois, et la villa Josephine, œuvre de Paul Bert, plage au résumé peu agréable, paraît-il, où la vase remplace plus ou moins le beau sable de nos admirables grèves françaises.

Après un instant de pose pour permettre le transbordement des dépêches et de quelques passagers privilégiés, sur des chaloupes à vapeur venues à notre rencontre, le navire dût reprendre sa route et aller chercher le mouillage de Hong-Gay, au delà de la baie d'Along...

Je ne saurais de ma vie oublier ces quelques heures d'incomparable navigation...

La réputation de la célèbre baie n'est plus à faire ; mais on ne saurait se faire une idée de cette beauté naturelle de tout premier ordre. Cette agglomération capricieuse de rochers, véritables îles et îlots parfois, semées dans la mer, est d'une fantaisie indescriptible ; comment faire bien comprendre le spectacle varié qui est offert au voyageur dans ce dédale, ce labyrinthe inextricable, où les pirates pouvaient impunément se mettre à l'abri et guetter de loin leur proie? C'était là un asile inexpugnable dont, cependant, nous sommes arrivés à les déloger. Ces rochers, masses souvent imposantes, ne sont plus aujourd'hui que la demeure d'oiseaux et de singes, qui semblent vivre en bonne intelligence. Ces blocs, plus ou moins couverts de verdure, affectent les formes les plus variées : certains, par leur silhouette caractéristique, ont été affublés de surnoms plus ou moins fantaisistes, et le fait est que l'imagination a beau jeu dans ce vaste champ libre à toutes les comparaisons, à tous les rapprochements... aiguilles, dômes, figures d'animaux, etc., on voit que la variété ne manque pas. Mais peu importe ; ce qu'il y a de certain, c'est que le navire semble perdu et qu'à chaque tournant le spectacle change, on est encerclé par ces bornes colossales et, tout autour de soi, ce ne sont que silhouettes étagées sur des plans successifs, se perdant à l'horizon dans le gris-bleu de l'éloignement. Si le spectacle est étrange en pleine lumière, il prend un aspect plus majestueusement fantastique le soir au soleil couchant, et devient tragique, ou tout au moins sinistre, sous les pâles rayons de la lune. Chasse et pêche sont là deux sports tout indiqués dans cette baie presque unique, et il paraît que nos marins en station s'y livrent parfois quelque peu. Ajoutons qu'un séjour prolongé au milieu de ces monstres géants muets serait à la longue peu récréatif...

Mais notre bateau avait laissé tomber son ancre en face du centre minier de Hong Gay, et il nous a fallu prendre passage sur une chaloupe à vapeur qui, en cinq heures, nous conduisit à Haï-Phong, remontant la rivière aux bords plats, au risque de nous échouer entre les multiples et bizarres balises qui jalonnent le chenal. Aussi, nous n'avons pu nous défendre de cette réflexion que l'arrivée au Tonkin semblait peu pratique ; il est vrai que le débarquement à Haï-Phong ne l'était guère plus, et il faut espérer que les choses s'amélioreront par la suite.

Chemin faisant, nous étions passés devant Quang-Yen, lieu de résidence, intéressant surtout par son vaste hôpital de plus de 300 lits, construit sur une éminence. Il semble que les résidents, ici également, n'ont pas grand'chose à désirer, puisque dans ce modeste poste le représentant du gouvernement n'a pas moins, paraît-il, de trois chaloupes à vapeur à sa disposition.

Enfin, nous avons mis le pied sur ce coin de sol asiatique dont la conquête aurait, dit-on, coûté plus de trois cents millions de francs et surtout tant de milliers d'existences de jeunes enfants de France qui ont versé leur généreux sang pour la gloire du pays. Mais, avant de visiter ce Tonkin, rémémorons brièvement comment il a été rangé sous notre domination.

***

Il va y avoir bientôt trente ans que ce territoire, confinant aux provinces du sud de la Chine, s'appuyant à l'ouest à la vallée du Mékong et se confondant au sud avec le royaume d'Annam, dont il dépendait, était déjà l'objet d'études de la part de hardis Français. Des missionnaires, des négociants, s'y étaient installés. A diverses reprises, ces derniers s'étaient plaints de leurs rapports avec les indigènes, de la mauvaise foi de ces derniers et le gouvernement avait hésité à intervenir. Il fallut les efforts persévérants d'un hardi pionnier, Jean Dupuis, pour arriver à un résultat. Ce fut alors qu'on envoya le valeureux Francis Garnier mettre bon ordre à ces tracasseries plus ou moins dangereuses. A la tête d'une petite troupe, il enlevait la citadelle d'Hanoï et s'y installait en maître, attendant des instructions et des renforts. Ces derniers tardant à venir, et n'y tenant plus, il commit une audacieuse mais téméraire sortie, qui lui coûta la vie. Les troupes privées de leur chef résistèrent encore, mais le temps s'écoulait, et l'intervention de Mgr Puginier était vaine. Alors se passa un de ces faits inqualifiables... que l'histoire jugera ; un traité était signé l'année suivante entre la cour de Hué (c'est-à-dire le roi d'Annam) et un sieur Philastre, inspecteur des affaires indigènes, comme représentant de la France, traité aux termes duquel nous devions évacuer purement et simplement le pays... On pense à quelles scènes de représailles cela donna alors lieu... Le 17 mars de la même année, un deuxième traité fut signé à Saïgon, à la suite duquel il fallut reprendre les armes pour le faire reconnaître. L'amiral Cloué était alors ministre de la marine et M. Le Myre de Vilers gouverneur de la Cochinchine. Les années s'écoulèrent, et on ne semblait plus donner suite à l'affaire quand, en 1882, le malheureux Henri Rivière, qui devait être une nouvelle victime du Tonkin, reprenait Hanoï, où il succombait, juste un an après dans un guet-apens. Il fallait venger ce second échec, et la guerre fut enfin déclarée à l'Annam.

Notre flotte alla bombarder Tourane, et un nouveau traité fut signé à Hué par le docteur Harmand, au nom de la France. Je ne saurais insister sur la suite, non plus de la conquête, mais de la pacification, qui fut longue et laborieuse, comme on sait... Des généraux s'y acquérirent une réputation de bravoure qui les rendit populaires, comme les de Courcy, Brière de l'Isle, de Négrier, Galliéni et autres dont je regrette de ne pas me rappeler les noms. Mais ce sont là des détails dans lesquels, en simple touriste, je ne puis pénétrer plus avant.

J'en dirai autant touchant les questions techniques par rapport à la flore et à la faune du pays, qui ont les plus grandes analogies avec celles des autres régions indo-chinoises que j'ai déjà fait parcourir au lecteur assez complaisant pour vouloir bien me suivre dans mes pérégrinations à travers la péninsule qui nous intéresse. Pour ce qui est de la physionomie générale du Tonkin, il me paraît aussi inutile d'insister sur son caractère ; personne n'ignore que la partie contigue à la mer est une suite de plaines basses, formant le Delta coupé par des branches multiples du Fleuve Rouge venant du Yunnan, lequel fleuve est grossi de l'apport des eaux des Rivière Claire et Rivière Noire et de leurs affluents. On sait encore qu'au delà le pays se relève et prend un aspect des plus variés et parfois pittoresque comme nous le verrons au cours du voyage que nous allons faire à travers le territoire.

Au point de vue commercial, j'ai déjà fait allusion à l'importance du Tonkin, dans les aperçus que j'ai donnés au sujet du commerce de l'Indo-Chine française, en général. En dehors des compagnies de transports maritimes qui mettent la colonie en rapport avec les **grands ports asiatiques**, y compris et surtout Hong-Kong, par les bateaux de M. Marty, il existe un certain mouvement de navires étrangers, sans parler des joncques chinoises fort nombreuses. Enfin, le Tonkin est la voie de débouché naturel, comme on le sait, du Yunnan et des provinces de l'arrière Chine par le Song Coi ou fleuve Rouge, au moyen des joncques chinoises dites de Man Hao, ainsi qu'on le verra plus loin. Le voisinage direct de la Chine nous a occasionné, du reste, assez d'ennuis pour qu'on ne l'oublie pas.

L'administration du territoire est encore partagée entre les autorités civile et militaire, mais il est probable que cette dernière se s'étendra bientôt plus que sur la ligne frontière.

Si, comme on l'a vu, le mouvement colonial est pour ainsi dire nul dans les pays que nous avons déjà parcourus, il paraît s'accentuer davantage au Tonkin, sans que pour cela néanmoins les colons accourent en foule... Il en sera également question en cours de route, car, fidèle à nos principes, nous allons parcourir le pays et « battre même au besoin la brousse » suivant l'expression consacrée.

HAÏPHONG

Ces données sommaires établies, reprenons le cours de notre voyage...

Le premier port tonkinois auquel nous venons d'atterrir, comme on l'a vu, est Haïphong. Il se compose de deux parties ; la ville neuve et la vieille cité indigène.

La ville nouvelle, ou quartier européen, est encerclée par un canal semi-circulaire. Son aspect est celui de toute cité neuve avec ces rues droites tirées au cordeau, rues plantées pour la plupart, suffisamment poussiéreuses ou boueuses suivant la saison, mais avec trottoirs dallés. Au point de vue du progrès, Haïphong ne laisse rien à désirer avec ses égouts souterrains, ses conduites d'eau, et son éclairage électrique. La ville a des hôtels dont un, presque luxueux ou tout au moins bien tenu, situé dans la rue Paul-Bert, la principale voie ; c'est l'hôtel du Commerce. D'autres édifices se distinguent, sans prétention du reste, comme la Résidence, au bord du fleuve, les bureaux de la Compagnie des Messageries fluviales au confluent d'un arroyo sur lequel règne un curieux mouvement de joncques, sampans, chaloupes à vapeur chinoises. C'est le vrai quartier du commerce et des affaires, et il ne faut oublier que l'on compte, paraît-il, une dizaine de milliers de Chinois à Haïphong, qui, jointe à à peu près autant d'Annamites, Malais et autres indigènes, représenterait en tout près de vingt mille habitants. La population européenne compterait, elle tout au plus sept cents personnes, dont deux cent cinquante femmes environ, société suffisante pour permettre des distractions mondaines, comme réceptions, bals, etc... Haïphong, du reste possède son champ de courses et son théâtre, où vient jouer de temps à autre la troupe d'Hanoï. On pourrait aussi mentionner des magasins bien achalandés, des pharmacies, etc. J'ajouterai par contre que les moyens de transports font défaut et que l'on ne trouve que des pousse-pousse, les malabars (le fiacre d'Extrême-Orient que connaît maintenant le lecteur) n'ayant pas encore fait leur apparition au Tonkin. La police est faite par des agents au costume sombre à parements bleus, qui se promènent bourgeoisement la canne à la main. Mais ce qui manque surtout à Haïphong ce sont des quais...; c'est à peine si quelques appontements ont été établis sur les rives du fleuve pour faciliter l'accostage ; on s'occupe de la question, et elle en vaut la peine ; malheureusement elle nécessite beaucoup d'argent.

Un établissement industriel pour traiter le coton se monte avec des capitaux français ; on ne peut que souhaiter qu'il réussisse. Quant au mouvement de la navigation, il est malheureusement de peu d'importance (pour ce qui est du moins des entrées et sorties des grands bateaux). La difficulté de la navigation hélas ! l'explique assez...

**

Les communications entre Haïphong et Hanoï, la capitale tonkinoise, se font par voie fluviale, on ne l'ignore pas, et il est à souhaiter que ce mode de transport, qui laisse fort à désirer, non pas à cause des bateaux de la Compagnie des Messageries fluviales du Tonkin, confortables et bien aménagés, mais à cause des difficultés que cette voie offre à la navigation, soit supplantée à bref délai par une bonne ligne de chemin de fer. Les bateaux manœuvrent difficilement dans les bras peu profonds du fleuve, et les échouages sont fréquents sur les bancs de sable qui se déplacent, particulièrement dans le « canal des bambous », le passage justement redouté.

Le parcours, il va sans dire, n'offre pas grand intérêt; c'est le Delta, riche en culture mais peu pittoresque pour le touriste, qui se dédommagera tout à l'heure. Au reste le trajet s'effectue de nuit, et après le dîner on s'étend sur les banquettes du salon placé sur le pont supérieur, la partie basse étant affectée aux classes inférieures. Là on s'installe comme on peut au milieu des caisses dans les parties non occupées par la machinerie et les accessoires. Derrière le salon, sur le deck, se trouvent également quelques cabines; à l'arrière sont la cuisine et l'office. J'ai cru bon, comme on l'a remarqué, d'insister sur la question des transports, car ce sont là des renseignements que l'on se procure difficilement, j'en sais quelque chose par moi-même; néanmoins je n'entre pas dans la question des prix, pour lesquels il existe des tarifs, dont la reproduction ici pourrait paraître oisive à la plupart des lecteurs.

La distance qui sépare les deux cités tonkinoises serait de 120 milles marins, par la voie généralement suivie et à l'entretien de laquelle est affectée une drague qui ne manque pas de besogne. Quant au temps que l'on met à la franchir, il est variable, cela va sans dire, avec les incidents qui peuvent se produire en cours de route. Douze à quinze heures devraient suffire en temps normal, mais il faut considérer ce délai comme un minimum.

Enfin supposons-nous arrivés sans encombre...

A un dernier détour du fleuve, car nous sommes sur le Song-Coi ou fleuve Rouge, apparaissent des bâtiments neufs alignés ; c'est l'hôpital. A la suite derrière un banc de sable, disparaissant aux hautes eaux et couvert de misérables paillotes, un peu de verdure masque les bâtiments dits de « la Concession ». Puis de modestes maisons s'alignent, dominées au loin par les tours carrées de la cathédrale... C'est Hanoï. Le bateau longe une agglomération de joncques, sampans etc., (le port indigène), pour aller s'amarrer à l'appontement des Messageries Fluviales.

HANOÏ

Nous voilà donc dans la capitale du Tonkin. C'est une vaste cité pourvue de tous les accessoires modernes : installation d'eau, d'électricité, de téléphone, etc.; il n'y manque que des tramways et des omnibus, et, on pourrait ajouter, des voitures, car le pousse-pousse indispensable fleurit surtout ici. Il est surprenant même que quelque industriel n'ait pas encore lancé le « malabar ». En tout cas, la ville est bien percée, surtout dans la partie européenne, de larges rues ou avenues, dont les arbres ont besoin de pousser. La voirie ne laisse pas à désirer, et la propreté des rues indigènes est agréable pour le promeneur. Au bord du fleuve ce sont les bâtiments du gouvernement et les bureaux, l'état-major et les services militaires. En s'éloignant des quais, encore bien embryonnaires, on trouve la rue Paul-Bert, la rue la plus achalandée, avec des hôtels et des cafés et restaurants ainsi que les principaux magasins français. A côté est la Residence, et de l'autre côté du square, où Paul Bert, appuyé sur un drapeau, regarde le lac, le cercle. Les postes et télégraphes font face à ce lac, un des ornements d'Hanoï avec ses bords verdoyants. Au centre est un pagodon qui se mire dans l'eau, et sur le côté une pagode révérée qu'un pont original, en bois, relie à la rive.

Au delà est la ville annamite avec ses rues aux maisonnettes blanches, toutes garnies de petites échoppes ou boutiques, vaste bazar, où chaque rue porte le nom des industries ou commerces qui s'y exercent. On voit ainsi la rue des Forgerons, des Cuivres, celle du Sucre, du Papier, ou encore des Charbonniers, des Toiles et ainsi de suite, sans oublier celle des Cercueils, bien que cette dernière ne conduise pas au cimetière. Les Annamites n'hésitent pas en effet à se préparer le lit du suprême repos; ils le gardent chez eux comme un meuble... indispensable. Je ne décrirai pas l'amusant côté de la flânerie dans ce quartier original, où le Chinois tient une assez large place ; sa grande artère est la rue « du Coton ».

Ceux qui aiment à bibeloter me comprendront, et cependant les découvertes intéressantes sont bien rares dans ces magasins depuis longtemps fouillés et écrémés. Vases, brûle-parfums, incrustations, étoffes brodées m'ont paru présenter le principal attrait.

Un peu au delà du lac et derrière la cathédrale, dont il a été parlé, s'étendent de vastes terrains en herbe, l'emplacement de l'ancienne citadelle dont il reste quelques traces consistant en porte et parties de murailles. En avant, une tour d'observation, ancien point central et réduit de la vieille forteresse, se dresse encore. Là sont également groupés les bâtiments militaires, casernes, parc de l'artillerie, logement d'officiers, etc. Il est question, paraît-il, d'élever plus haut le palais du Gouvernement adossé au jardin Botanique, où quelques cages ou cases isolées forment un semblant de jardin zoologique.

Sur le côté est le grand lac aux rives plates, coupées par une digue, but de promenade habituelle des habitants, européens s'entend. Presque tout le monde, on peut dire, a sa voiture, car les chevaux sont à bas prix, et, à leur défaut, on possède un pousse-pousse. Les simples troupiers se font véhiculer ainsi, et il me souvient d'une retraite aux flambeaux, fort brillante, du reste, où les militaires en pousse-pousse emboîtaient en nombre le pas à la musique pour rentrer à leur caserne. Le spectacle était original.

Enfin, Hanoï possède un théâtre, peu digne d'une grande ville ; (il est du reste question d'en construire un neuf). Le champ de courses verra aussi prochainement s'élever l'Exposition annoncée pour l'hiver 1901-1902. Je ne citerai les écoles et autres édifices publics que pour mémoire.

Hanoï va aussi avoir son pont, et sa gare est déjà construite avant le chemin de fer.

Comme édifices indigènes, certaines pagodes peuvent seules offrir quelque intérêt ; je me contenterai de citer celle dite « du Grand Bouddha » située près du grand lac; elle présente une double porte ou portique et une enceinte englobant deux sanctuaires, fort vénérés du reste. Dans le premier, où meubles, colonnes, panneaux sont laqués rouge avec des ornements dorés, une grande statue en bronze noir se tient accroupie ; elle représente, paraît-il, un guerrier célèbre déifié. Derrière, sont des divinités de second ordre. Encens, cierges, parfums, emplissent l'air de leurs senteurs.

Moins fréquentées sont les pagodes enfermées dans l'enceinte de la propriété du vice-roi déchu, Kinh-Luoc. Sur ce domaine, situé à quelques kilomètres de la ville, où la fantaisie princière a creusé des canaux et pièces d'eau et édifié des constructions diverses plus ou moins richement décorées, se trouve le tombeau en granit du monarque déshérité, simple plateforme précédée de statues de mandarins et guerriers.

Je n'insisterai pas non plus sur le spectacle plus ou moins pittoresque de la rue ; il faut avoir vu ces allées et venues de charrettes grossières, de pousse-pousses de brouettes (très originales du reste), de coolies avec leur bambou sur l'épaule..., pour s'en bien faire une idée. Et tout ce monde s'agite sous l'œil des agents de police (l'Européen ne marchant pas sans un indigène qui semble son ombre). Si les costumes n'ont rien de particulier, il n'en est pas de même des chapeaux, ceux des femmes surtout, véritables parapluies-parasols, munis de gros glands. Ces dames ne négligent pas non plus les bijoux... Tel apparaît Hanoï au nouveau débarqué.

Avant de quitter la ville dont il est même question de faire la capitale de notre vaste empire asiatique, je crois devoir ajouter qu'elle semble vouloir se développer, d'après les constructions nouvelles qu'y élèvent les spéculateurs ou même les simples particuliers. Sur certaines voies on ne trouve déjà plus, ou presque plus, de terrains à vendre, et le prix du sol est monté de une à deux piastres, jusqu'à huit et dix parfois et même davantage. Les immeubles ne comportent généralement qu'un premier étage, quelques-uns deux ou même trois, mais ils sont bien rares. Les boutiques sont d'ordinaires précédées d'une marquise en zinc ondulé, ce mode de couverture si usité maintenant aux colonies et dans les pays exotiques en général.

Comme capitale, ce qui laisse fort à désirer pour Hanoï, c'est l'accès. Nous avons vu que la navigation fluviale à travers le dédale des branches du fleuve Rouge et des canaux, n'était pas toujours praticable, que les échouages plus ou moins longs, et parfois malheureusement trop longs, n'étaient que trop fréquents, et que l'atterrissage lui-même n'était pas aisé dans certains cas; un mode de communication plus rapide et mieux assuré s'impose donc, et on ne peut que faire des vœux pour l'achèvement rapide de la ligne ferrée en construction. On n'oubliera pas pour cela les quais, bien gros travail malheureusement.

Je n'ai rien dit d'Hanoï au point de vue industriel. Personne n'ignore, en effet, que c'est là presque lettre morte, à part l'usine électrique, la fabrique de papier de la maison Schneider, une famille qui compte parmi les pionniers de la première heure, une brasserie (la seule d'Indo-Chine) et quelques installations plus modestes encore. Et pourtant... il y aurait à faire ; plus d'un jeune Français pourrait venir ici, dans des sphères différentes, utiliser son intelligence et ses capitaux, peut-être pas pour faire fortune (comme l'on dit couramment) mais pour se faire une situation, vivre à l'aise et même élever une famille. A ce point de vue, il est à observer qu'heureusement nombreuses sont les familles françaises établies au Tonkin, où le climat n'est pas un obstacle au développement physique et intellectuel de l'enfance, et si elles ne sont pas plus nombreuses encore, c'est que les célibataires n'ont souvent pas rencontré de jeunes Françaises décidées à les suivre ; et pourtant... quel débouché pour les jeunes ou même vieilles filles auxquelles leur modeste situation n'a pas permis de trouver d'épouseurs ! C'est là un sujet plus intéressant que beaucoup ne paraissent vouloir le croire.

A Hanoï, comme au Tonkin, en général, on vit comme en France ; si les loyers sont parfois peut-être un peu élevés, l'existence matérielle est assurée confortablement à des prix très moyens. Des boulangeries y font le pain comme chez nous, et on trouve une boucherie bien achalandée, sans parler des marchands de denrées alimentaires. Les marchés sont bien fournis en volailles (à vil prix gibier, fruits et légumes, sans parler du poisson et des coquillages. Une promenade aux environs de la ville peut éclairer suffisamment le voyageur que surprendra l'importance des cultures maraîchères. Inutile d'ajouter que tout est primeur, en ce pays, où il me souvient avoir mangé des fraises en février. La domesticité se recrute facilement, et elle est moins exigeante qu'à Saïgon et en Cochinchine en général. J'ajouterai qu'Hanoï est pourvu de lait frais par la ferme dite « des Rapides » située sur l'autre rive du fleuve.

J'ai parlé des environs d'Hanoï, ils offrent plus d'une agréable promenade, avec leurs petits villages enfouis sous les bambous, comme le village « des cochons » et autres, flanqués souvent de pagodes où retentissent au loin les bruits sourds des gongs mêlés aux cris et aux lamentations des pleureuses, lorsque s'accomplit quelque cérémonie funèbre. Une visite classique à l'endroit où les vaillants qui avaient noms : Francis Garnier et Henri Rivière, semble toute indiquée.

En passant, on verra aussi les haras dont a été doté Hanoï.

Les routes, assez nombreuses, sont malheureusement plus ou moins bien entretenues, et il me souvient d'endroits presque cloaqueux ; il faut espérer que ce n'est là qu'un état transitoire, que mes remarques n'auront plus leur raison d'être lorsque s'ouvrira l'Exposition, à laquelle on semble vouloir donner un grand éclat. Puisse-t-elle être un attrait suffisant pour inciter un certain nombre de mes compatriotes à aller s'assurer par eux-mêmes de la véracité de ce qu'on a dit et écrit sur le Tonkin. Je n'ai qu'un souhait à formuler, c'est d'en voir le plus possible venir contrôler mes dires, et à ceux-là, que n'arrêteront pas le temps, les appréhensions de la traversée, la dépense (et elle sera relativement minime, je puis l'affirmer d'après des renseignements particuliers) je donne rendez-vous à la fin de l'année prochaine en décembre 1901, à Hanoï. Ils ne regretteront pas leur voyage, et plus d'un songera peut-être à utiliser ses facultés et ses capitaux sur cette terre nouvelle.

Ce qui frappera le visiteur, ce sont ces petits block'haus placés aux intersections des routes ; mais ce sont là de simples mesures de prudence qui ne doivent nullement faire entrer de doutes au sujet de la pacification dans l'esprit d'un Européen. L'annamite a accepté la situation, et seules des exactions, que ne commettront pas nos administrateurs, pourraient l'amener à se soulever. Si l'impôt pèse parfois un peu lourdement sur ses épaules, il a par contre confiance en la surveillance exercée par ses nouveaux maîtres, et n'a plus à craindre les ravages de la piraterie ; il est moins pressuré aussi par ses chefs indigènes. A ce sujet, il est intéressant d'ajouter que ce peuple annamite a l'amour des places, que les prérogatives de la hiérarchie sont très jalousées et les résidents savent les démarches, les sollicitations de toutes sortes dont ils sont assaillis par les quémandeurs. Il faut être juste avec l'Annamite, bon sans faiblesse et surtout sans familiarité. Aussi certaines manœuvres fiscales ne sont-elles pas parfois sans danger, amenant des abus des plus regrettables de la part d'agents subalternes qui se seraient, parfois, paraît-il, rendus coupables d'exactions passibles de la justice...

Mais ce sont là des sujets délicats qui ne sauraient trouver place dans un simple récit descriptif de voyage.

LE DELTA

Sans procéder absolument par ordre, il est naturel de jeter d'abord un coup d'œil sur la partie du Tonkin limitrophe de la mer, c'est-à-dire le Delta arrosé par le fleuve Rouge ou plutôt ses nombreuses branches, reliées entre elles par une série de canaux de diverses dimensions. Certaines ont l'ampleur de véritables rivières et sont des voies navigables sillonnées par la navigation à vapeur, les chaloupes chinoises particulièrement, la compagnie subventionnée des correspondances fluviales du Tonkin n'ayant qu'un certain nombre de lignes que nous allons voir du reste en poursuivant notre voyage.

La ligne principale (Haïphong-Hanoï)

nous a fait traverser cette plaine d'alluvion formant la Delta, la plus riche région du Tonkin; c'est là, du reste, que résident les Annamites tonkinois pour la majeure partie. Aussi ne voit-on guère que des plaines où les rizières succèdent aux rizières à perte de vue. De distance en distance, un rideau de verdure cache un de ces innombrables villages, invisibles au nouveau venu, qui ne croit voir dans ces plans de verdure étagés sur l'horizon qu'une suite de bois semés dans la plaine. Sur les bords du Delta quelques collines aux lointaines silhouettes rompent généralement la monotonie relative du paysage.

Reprenons donc comme point de départ, Haïphong, le grand port du Tonkin, assez mal placé du reste, paraît-il, et qui se plaint de végéter. Le chemin de fer, évidemment lui portera un coup terrible.

Le chef-lieu de la province, car c'est là le nom que portent les subdivisions administratives au Tonkin, régies par des présidents ou vice-résidents de diverses classes, est Phu Lien, situé derrière la montagne dite de « l'Eléphant » dont elle rappellerait, paraît-il, la forme, vue sous certain angle. C'est sur le principal sommet de ce petit chaînon de colline que doit s'élever, à plus de cent mètres d'altitude, un observatoire.

Quelques heures de navigation suffisent

pour gagner Haï-Duong, un des principaux centres du Delta, sans intérêt pittoresque du reste.

Mais poursuivons et laissons le chemin de Hanoï, appuyant à gauche pour atteindre Nam Dinh, la seconde ville du Tonkin.

Située sur les bords d'un canal faisant communiquer le Fleuve Rouge avec le Dai, une de ses principales branches, au résumé, cette ville offre un port animé, fréquenté par une quantité de joncques et de nombreuses chaloupes chinoises en dehors des services réguliers. Peuplée de cinquante mille âmes environ, m'a-t-on dit, elle présente une grande animation commerciale, la rue dite « des Chinois », en particulier, avec sa suite de boutiques achalandées qu'émaillent pittoresquement quelques pagodes. Comme à Hanoï, les rues indiquent souvent le commerce qui s'y exerce ; telles sont les rues, du Cuivre, des Cercueils et autres. Nombreux sont les artisans qui travaillent le bois et fabriquent des petits meubles, des autels, des coffrets, etc... s'aidant d'un ciseau d'une forme bizarre. Plus loin, des brodeurs ornent des robes rouges de mandarins de dragons fantastiques ; ils font surtout sur commande ; de même les incrusteurs de nacre. Chez les tourneurs sur bois on voit surtout des vases, des coffrets ou des socles ajourés. Nombreux sont encore les ferblantiers, les fabricants de parasols en papier, et ainsi de suite...

De la citadelle, il ne reste plus que la tour octogonale, que nous retrouvons dans tous les principaux centres.

A côté, la Résidence et quelques bâtiments y compris un hôtel, convenable du reste, forment le groupe européen. Je ne saurais aussi oublier l'école des sœurs et la mission, importante ici, qui a édifié une église avec tour carrée, malheureusement badigeonnée de couleur safran. A l'intérieur, les Pères ont mis à contribution l'art décoratif annamite pour l'ornement des autels et des rétables, en bois sculpté finement travaillé. Il me souvient y avoir assité à une cérémonie sacrée, durant laquelle le peuple recueilli psalmodiait des prières en un murmure confus. Au milieu, les notables, vêtus de leurs plus beaux atours, se tenaient derrière leurs escabeaux laqués.

Au nord de Nam-Dinh est Phu Ly, situé à trente-cinq kilomètres. Une route assez défectueuse y conduit, tandis qu'une autre se dirige vers Ninh Binh, distant de vingt-huit kilomètres seulement. C'est toujours le Delta et ses riches pleines, mais on touche à une région accidentée où, sur le sol, surgissent par endroits des rochers aux formes plus ou moins étranges, précédant une chaîne montagneuse aux capricieuses silhouettes. Le Dai qui passe à Phu Ly, d'où l'on peut gagner le grand bras du fleuve, s'est tracé son lit dans un certain parcours à travers ces obstacles naturels et passe par endroits dans de pittoresques défilés rocheux.

Tout proche de Phu Ly est Ké So, bien connu par sa belle mission, où résida Mgr Puginier, de célèbre mémoire ; là s'élève une grande église à la façade quelque peu bizarre mais imposante néanmoins. C'est là encore que, parmi les premiers, les frères Guillaume ont créé leurs vastes exploitations ; c'est par centaines de mille que se comptent leurs pieds de café, ils possèdent aussi des scieries de marbre ; il serait à souhaiter de voir beaucoup de colons suivre leur exemple ; quelques-uns, du reste, l'ont déjà fait, je me hâte de le dire, et presque dans la région, sur la province de Ninh-Binh, entre autres, sept mille hectares seraient déjà mis en valeur, à ce qu'il paraît.

Ninh-Binh, dont je viens de parler, est un petit centre pittoresquement encadré par des rochers aux formes curieuses. L'un d'eux, sur lequel s'appuyait un angle de la citadelle penché sur le fleuve qui le ronge à la base, protège la ville contre les envahissements du Dai. A coté, un rocher frère, tout couvert de verdure comme lui, portant aussi des autels enfouis sous des anfractuosités sombres et surmonté de pagodons ruinés, se dresse pittoresquement. Derrière eux se voient les bâtiments civils et militaires, la caserne de la milice et surtout la Résidence, qui m'a offert une si gracieuse hospitalité. Je signalerai un éléphant de granit « Ganesh, en style hindou » la divinité bouddhique de la sagesse, placée vis-à-vis de la gendarmerie... Réfléchissez, gendarmes !

Non loin sur le bord de la mer, à une petite lieue en retraite, est le centre indigène de Phat-Diem, où se fabriquent des nattes vendues sous la dénomination de nattes de Chine. Des Chinois sont à la tête de cette industrie, qu'il serait souhaitable de voir passer à des mains françaises. Là aussi s'élèvent les églises de la mission du Père Sixt. Cette mission compte plus de vingt mille chrétiens disséminés en trente-deux villages avec vingt-huit églises. Mais l'intérêt se porte surtout sur le groupe original des églises, dont la construction représente une somme énorme de travail, quand on songe aux matériaux, granit et autres, employés tant dans les façades que dans les murs sous forme de hautes balustrades et de chemin de croix. En arrière d'une pièce d'eau (la fontaine aux ablutions des mosquées) se dresse un portique clocher de style annamite comme les églises latérales flanquant la basilique aux énormes colonnes et charpentes de bois. Cela en impose surtout par la conception de l'auteur, simple Père annamite, et la dépense des forces humaines employées.

De Ninh-Binh on gagne facilement la région du Thanh-Hoa par la route mandarine, franchissant un col long de quatre kilomètres. La distance est d'une soixantaine de kilomètres. Plus loin est Dudo, puis Phu-Dien et sa citadelle, non loin de laquelle sont les deux pagodes célèbres, de Nay et des Paons. On atteint ainsi Vinh et Benthuy, où se trouve une fabrique de pavés en bois et d'allumettes. Vinh est relié du reste à Haïphong par un service hebdomadaire de bateaux à vapeur.

ROUTE DE LANGSON

ET DE

LA PORTE DE CHINE

Une excursion classique, pour tout voyageur mettant les pieds sur le sol tonkinois, c'est certes l'intéressante promenade à la frontière chinoise par Langson. Dans quelques mois, il faut bien l'espérer, on pourra se rendre d'Hanoï au terminus de la voie ferrée dont nous avons examiné avec le plus grand intérêt les travaux poussés activement. La voie est déjà établie en majeure partie, les travaux d'art sont presque terminés sauf le grand pont d'Hanoï, qui n'aura pas moins de dix-huit cent mètres et exigera plus de temps. Ajoutons qu'il représentera également une bien grosse dépense. Au moment de notre passage, le voyage s'accomplissait encore comme depuis la création de la petite ligne (système Decauville, avec le matériel ayant figuré à l'Exposition Universelle de Paris en 1889) système, soit dit en passant, appelé souvent à rendre de grands services vu le peu de frais, relativement, qu'il exige pour son installation. Il est encore appelé à rendre de grands services au point de vue colonial en particulier. Ce voyage s'accomplissait et s'accomplit encore probablement de la façon suivante :

Au départ d'Hanoï, on se rendait à Phu Lang Thuong, tête de ligne, à cheval, en voiture ou en pousse-pousse, en passant par Bac Ninh et Dapcau, soit une distance totale de quarante-six ou quarante-sept kilomètres, que l'on franchit en cinq petites heures environ, les pousse-pousse pouvant donner jusqu'à dix kilomètres à l'heure. Puis on mettait six heures, et on doit les mettre encore, pour gagner Langson, la voix ferrée comptant cent kilomètres en chiffres ronds. De là, une bonne route mène à la Porte de Chine, distante de dix-huit kilomètres.

Un beau matin votre serviteur partait donc d'Hanoï avec une petite valise, le mode de transport du pousse-pousse ne permettant pas de bagage. Il se faisait conduire au fleuve, qu'il franchissait sur le bac à vapeur, chinois, ajoutons-le, et moyennant cinq sous se faisait débarquer de l'autre côté. Il aurait fallu voir alors la bataille que semblait vouloir se livrer les coolies pousse-pousse pour s'emparer de ma noble personne, c'était à qui m'aurait. Après avoir choisi mon équipage humain, je partais au grand trot, tiré et poussé. On peut dire, du reste, que le pousse-pousse est le mode de transport le plus usité au Tonkin et qu'il est au résumé fort pratique. Il n'est personne qui n'ait son coolie pousse-pousse, et si on en compte des milliers à Hanoï, il s'en trouve, on peut dire, presque partout, même dans les campagnes. Les indigènes s'en servent bien eux-mêmes, mais ils l'emploient économiquement, et non seulement on voit deux annamites assis étroitement à côté l'un de l'autre ou l'un assis sur les genoux de l'autre, mais souvent aussi une famille entière entassée pêle-mêle...

Le long de la route, peu pittoresque au total puisqu'elle traverse un coin de Delta, le spectacle même des allants et venants nous a paru présenter par contre un reel intérêt et est bien fait pour satisfaire la curiosité dont un touriste doit être naturellement doué. On peut dire que c'est une véritable procession, une suite de défilés plus ou moins longs de personnages représentant la vie indigène ; cela rappelle les bas-reliefs égyptiens et autres qui nous permettent de reconstituer les âges passés. Regardons-les ensemble, si vous le voulez-bien.

Tout d'abord voici venir des porteurs et porteuses de fardeaux pendus aux deux extrémités d'un bambou posé sur l'épaule ; ce sont des corvées maraîchères, les légumes sont entassés ou rangés méthodiquement sur des plateaux, ou enfermés dans des paniers-cages ; puis viennent des porteurs de cannes à sucre, de bambous, de bois de chauffage, de fagots, etc., toujours portés par le même procédé, ainsi que des coolies portant des chapeaux ronds, pointus, en volumineux paquets car la marchandise n'est pas pesante, des pardessus en lamelles de bambous, vêtements très pratiques contre le froid, et la pluie et ayant l'avantage de ne coûter que quelques sous. D'autres, accouplés, plient sous le poids de lourds fardeaux, tandis que certains s'en vont allègrement abrités sous leur parasol ou parapluie ; c'est là une douce manie de l'annamite, d'une classe un peu supérieure, s'entend ; les tirailleurs et miliciens du reste en font autant. Voici venir un laboureur portant sa charrue sur l'épaule et escorté de son buffle, des travailleurs des champs avec leurs outils primitifs, de petits restaurateurs ambulants, des pêcheurs, leur filet sur l'épaule. Doublant les groupes, c'est un pousse-pousse qui passe rapide ou quelque rare voiture européenne plus rapide, encore. Plus solennel est le palanquin-hamac, où le voyageur patient est bercé plus ou moins en cadence..... Quelque cavalier s'annonce de loin par le tintement des grelots de son coursier, comme la brouette signale son passage par le grincement de sa roue pleine et grossièrement ajustée. Plus lent encore est le tombereau, qu'il soit traîné par un buffle ou poussé par une escouade de coolies..... Que sais-je encore... Un cliché de cinématographe eût été bien intéressant.

Sur le bord du chemin, ce sont, par ci par là, quelques paysans au travail dans la rizière, des buffles à moitié enfouis dans l'eau boueuse où pataugent des petits pêcheurs; des indigènes arrosent leurs champs en puisant l'eau pour la déverser plus haut comme le font les fellahs sur les bords du Nil... et ainsi de suite.

Le paysage est monotone, ai-je dit, néanmoins de temps à autre un village se cache derrière les bambous et l'on traverse quelques stations intermédiaires où se tiennent de petits marchands indigènes. De distance en distance ce sont aussi quelques pagodes plus ou moins ruinées; une un peu avant Bac-Ninh attire l'attention du passant.

Non loin d'Hanoï il faut descendre et passer le canal des Rapides. Un crochet permet d'aller voir une exploitation agricole qui ne compte pas moins de trois cents têtes de bétail ; ce sont les pourvoyeurs de lait de la ville.

Au treizième kilomètre, un modeste village avec restaurant européen, où il me souvient avoir mangé les premières fraises de l'année, en février, possède sa gare ; c'est Phu-Tu-Son. Ne cherchez pa à faire le calembour, car Phu se prononce « fou »...

Si la route ensoleillée ne doit pas être agréable, elle ne l'est guère non plus quand tombe la pluie ou le simple crachin, je la préfère l'hiver même par le froid.

L'arrêt principal et le relais se font d'ordinaire à Bac-Ninh.

Bac-Ninh, chef-lieu de province, comporte quelques milliers d'habitants ; la rue principale commerçante est animée. Sur le côté se dresse une importante église avec ses deux tours. Cette mission comporte un évêque. A cause de ses souvenirs militaires, la citadelle avec ses portes originales, son mirador et son bois de pins, appelle l'attention du voyageur. Avec ses fossés pleins d'eau et ses glaciers extérieurs, cette forteresse en impose encore.

A quelques kilomètres à peine est Dapcau, centre militaire important. Il est situé sur le Song-Cau, qui remonte au nord vers Thaï Nguyen. C'est encore en bac et moyennant quelques sous que l'on passe l'eau.

Au delà, à droite et à gauche, quelques collines atténuent la monotonie de l'horizon. Encore une douzaine de kilomètres à franchir et nous sommes à Phu Lang-Thuong dans une autre province. Nous quittons le Delta.

Cette province est la plus riche en concession. Certaines comptent jusqu'à dix et douze mille hectares. On y pratique en général le métayage en partageant la récolte du riz avec les indigènes cultivateurs. Mais ce n'est pas dans le cadre aussi restreint que celui que je me suis fixé que je puis songer même à effleurer la question si intéressante du régime des concessions Je me réserve d'en reparler à l'occasion...

*
**

Assis au bord du Song-Thuong, que peuvent remonter les chaloupes à vapeur, le village, point de départ de la ligne de Langson, est un petit centre non sans importance. Il doit sa création à un fonctionnaire intelligent et dévoué, déjà vieux colonial, dont je ne saurais oublier la cordiale réception. Rien n'a été négligé dans cette amorce de ville, et il n'est pas jusqu'au cimetière qui ne soit tenu avec un soin pieux tout particulier. Les bâtiments européens ont bon air, comme la Résidence, spacieuse et bien comprise, les casernements et la poste peinte en rose pâle, sans parler d'un hôtel relativement vaste et de l'inévitable gendarmerie. Les rues sont plutôt des avenues avec leurs « faux cotonniers » arbres aux feuilles caduques.

Une excursion dans certaines régions de la province n'a pas été sans intérêt pour moi, aussi bien au nord dans le Yen Thé, ex-repaire d'un ancien pirate qui offre aujourd'hui du champagne à ses visiteurs, que sur les bords du Loc-Nam et dans le massif du Dong-Trieu ; mais l'espace m'est limité, comme j'ai déjà prévenu le lecteur... aussi passons.

Je n'insisterai pas non plus sur les travaux de rectification auquel on se livrait, lors de mon passage, pour substituer une voie de un mètre à celle du petit Decauville ; ceux qui passeront après nous verront, du reste, les mêmes paysages, et auront l'avantage d'aller un peu plus rapidement. Le parcours n'est pas sans intérêt, au surplus.

On traverse d'abord la fin de la plaine. La première des douze stations porte un nom moderne : la ferme des Pins, du nom d'une vaste exploitation agricole toute proche. Les autres empruntent leur dénomination à des centres indigènes plus ou moins importants. Tels sont Kep, Bac-Lé, Than-Moï, où l'on passe sur territoire militaire, Lang Nac,... mais je finirais par les citer tous, et la chose serait peut-être d'un médiocre intérêt pour le lecteur, qui préférera avoir une idée des aspects que présente le parcours. Il est sinon très varié, du moins assez pittoresque. Ainsi à la plaine succède une région mamelonnée, boisée par endroits; à droite, l'horizon est limité par la chaîne du Bao-Day, tandis qu'apparaît à gauche le curieux plateau du Kai Kinh; on s'en rapproche pour venir passer au pied même de cette curieuse muraille aux rochers parfois perpendiculaires tapissés presque complètement de verdure. Elle dessine sur le ciel une pittoresque dentelure, dont les arêtes lointaines se perdent dans la brume bleutée. Certains rochers sont détachés du massif comme des éclaireurs, et la main de l'homme a pu les exploiter facilement. On suit tout d'abord et pour la majeure partie du trajet le Song Thuong, qui se réduit à un modeste ruisseau, puis la ligne circule au milieu d'un dédale de petites collines dénudées pour déboucher dans la plaine de Langson...

Chemin faisant, on aperçoit des traces de culture aux environs des villages, fort clairsemés. De distance en distance, un blockhaus (certains ont des allures de petits châteaux forts) domine une station ou commande un passage. Quelques-uns seulement sont occupés militairement. La ligne, du reste, est gardée, et on voit en cours de route des miliciens portant les armes au passage du train. Il y avait, en effet, des travailleurs à protéger, et à surveiller, qui plus est. Tout proche du terminus une agglomération de roches bizarres rappelle en petit cette curiosité naturelle de premier ordre qu'on désigne dans notre belle France sous le nom de « Montpellier-le-Vieux ». En d'autres endroits, le parcours m'a rappelé certains paysages algériens avec ses terrains brousailleux et ses lignes d'horizon.

Ces rochers capricieux et semés dans le pays sont comme la prolongation, sur terre, de ceux de la baie d'Along ; on en retrouve à Langson, où ils renferment quelques grottes à stalactites et stalagmites (une d'elles est transformée en pagode), et même au delà du côté de Dong-Dang.

*.

Encore chef-lieu de territoire militaire, Langson, dont le nom est tristement célèbre, est situé sur une boucle du Song-Ki-Kong un sous-affluent du Si-Kiang, dans un encadrement de montagnes et de rochers aux formes capricieuses. La ville, créée par le général Galiéni, est encore à l'état embryonnaire avec ses rues tirées au cordeau sur lesquelles se dressent une résidence entourée d'un joli jardin, un modeste hôtel des postes et télégraphes, un petit cercle militaire, un hôtel pour les rares voyageurs, une chancellerie, quelques autres habitations européennes et surtout un coquet marché. La vaste enceinte de la citadelle flanquée de son réduit abrite les bâtiments militaires, et le système de défense est complété par les forts de Négrier et Brière de l'Isle. L'élément civil est peu nombreux (il n'est pas besoin d'ajouter).

Au-delà de Langson, la voie ferrée se poursuit jusqu'à la Porte de Chine en suivant une petite vallée à l'entrée de laquelle est l'important village de Ki-Lua, le Cholen de Langson ; c'est en effet un marché commercial d'une certaine importance, et chinois naturellement. La description de la route, qui passe à un endroit au pied d'un blockhaus, me paraît oiseuse ; qu'il me suffise de dire que le village de Dong-Dang (distant de quatorze kilomètres de Langson et précédant d'une petite lieu la Porte de Chine) est situé dans une petite plaine au pied de collines rocheuses. Un tertre portant les établissements militaires, car c'est une station stratégique, domine le cité.

A partir de la sortie du bourg, où l'on rencontre surtout des indigènes de race tho, que l'on remarque à leur costume gros bleu, la route prend des aspects montagnards. Elle grimpe en lacets jusqu'à la frontière, passant au pied de mamelons couronnés de fortins. Les Tho, dont je viens de prononcer le nom, sont des montagnards. Ils portent un chapeau d'une forme un peu différente que les autres indigènes et se serrent à la taille par une ceinture dans laquelle est passé le coupe-coupe. Les femmes semblent rechercher les bijoux, surtout bracelets et boucles d'oreilles.

Quant à la Porte de Chine à proprement parler, c'est bien une porte surmontée d'une tête peinte de dragon fantastique. Elle est flanquée de deux murailles crénelées grimpant à droite et à gauche pour relier les forts dont sont hérissées les crêtes avoisinantes. Un commandant chinois me fit les honneurs de l'endroit en m'offrant une tasse de thé et des cigarettes... Au-delà, c'est la route de Lang-Tchéou. A deux pas de cette porte, sur le sol français, sinistre détail; j'ai vu, appendue à un bambou dans une cage de bois la tête d'un bandit pour lequel la France avait demandé justice.

⁎

De Langson, la route se poursuit au nord vers Cao Bau, distant de quatre à cinq jours de marche, soit environ cent cinquante kilomètres, tandis qu'au sud la ville est reliée à la côte par la route de Tien-Yen. Si la première communication est passablement bonne, la seconde laisse, paraît-il, fort à désirer, d'après les renseignements qui m'ont été communiqués sur place par des officiers obligeants.

LE LITTORAL NORD

D'Haïphong, comme point de départ, on peut se lancer dans diverses directions et visiter les provinces voisines, des plus riches du Delta comme celle d'Haï Duong, une des plus peuplées également du Tonkin, ou parcourir la merveilleuse côte, dont nous connaissons maintenant la partie la plus célèbre, la fameuse et incomparable baie d'Along. C'est au fond d'une rade bien abritée par l'essaim de capricieux rochers, dont la nature s'est plû à semer la mer en cet endroit, que se trouve Hong-Hay, avec son appontement, ses usines à briquettes, son petit centre eurqpéen créé par la compagnie française des charbonnages du Tonkin qui exploite le vaste filon houillier, lequel va se prolongeant vers Kébao. Il existe là une exploitation à ciel ouvert de première importance où la main de l'homme a mis à nu le noir et précieux combustible, déplaçant des montagnes entières. Le spectacle de ce colossal travail est imposant, et il faut voir cette fourmillière humaine s'agitant, les uns usant du pic et de la pelle, les autres manœuvrant les centaines de wagonnets qui circulent en tous sens ; les uns montent tandis que d'autres descendent; plans inclinés, treuils, ascenseurs, tout est utilisé Deux exploitations contiguës avec leurs paliers superposés en marches gigantesques, mesurent des kilomètres de longueur. Une voie ferrée de plus de dix kilomètres conduit au criblage et aux quais d'embarquement. Le personnel compte une cinquantaine d'Européens et on emploie près de 3,000 coolies, qui logent, ou plutôt nichent dans des paillottes formant de véritables villages.

Un peu au nord-est est la grande île de Kébao, dont l'exploitation houillère, lancée à grands frais a fait faillite... Pour y arriver on franchit la belle baie de Phaï Tsi Long, suite de la baie d'Along. Je n'insisterai pas sur Kébao et son port (port Wallut) qui bientôt n'offrira plus que des ruines.

Au delà on trouve, en retrait, la pointe Pagode à l'entrée de la rivière de Tien-Yen, puis on navigue (suivant le parcours accompli par le service maritime) à l'abri d'une suite de longues îles dont la dernière porte à son extrémité sud le poste de Nui-Gnoc, c'est l'île de Tra-Co, avec une admirable grève de plusieurs lieues. Moncay, la ville, si l'on peut donner ce nom à un bourg de quelques centaines d'âmes, est le centre militaire le plus rapproché de la frontière sur ce point ; il est situé à quelques kilomètres sur la rivière servant de démarcation. Là encore, il me souvient d'avoir reçu la plus gracieuse hospitalité à la Résidence, une ancienne pagode aux puissantes colonnes de vieux bois que n'avaient pas attaquée les siècles. Un fortin domine le site tandis qu'un blockhaus se dresse au-dessus de la rivière regardant le fort chinois, au pied duquel se groupent les maisons de la petite ville chinoise de Tong-Hin. On s'y sent bien en Chine tant la saleté s'y manifeste sous toutes les formes, et l'amabilité du mandarin qui me fit escorter ne saurait me faire oublier la désagréable impression que j'en ai rapportée.

LE HAUT FLEUVE ROUGE

ET

SES AFFLUENTS

Si nous avons vu que le Delta de la grande artère fluviale du Tonkin était peu intéressant au point de vue pittoresque, en poussant plus avant vers le Haut Tonkin on pourra se rendre compte qu'on sera largement dédommagé de son déplacement par la beauté des paysages que présente plus haut le Fleuve Rouge. Aussi nous prendrons à Hanoï un bateau de la Compagnie des Messageries fluviales, dont la flotte, que nous connaissons déjà, dessert la plupart des provinces tonkinoises. Cette flottille fluviale, rappelons-le, comporte des types variées, bateaux d'un certain tirant d'eau munis d'une ou de deux hélices et bateaux plats (monoroue). Elle compte en plus des joncques de passagers, avec lesquelles nous allons faire connaissance tout à l'heure, et des centaines de joncques et sampans à marchandises. Il convient d'ajouter que l'on trouve à bord un confort bien suffisant. Un salon salle à manger est réservé aux premières classes, et les banquettes servent de couchettes pour la nuit; c'est le cas de dire que l'on pourrait manger couchés comme le faisaient les sybarites romains... Il est également à noter que sur ces bateaux il n'y a, comme européen d'ordinaire que le commissaire, peu gênant, du reste, d'autant plus qu'il lui est interdit de prendre ses repas avec les voyageurs.

Et maintenant, installons-nous bien dans un fauteuil d'osier sur le spardeck à l'avant, derrière le pilote et l'homme de barre et, la jumelle à portée de la main, voyons défiler le paysage. Comme nous sommes en janvier, il fait très bon et l'on supporte ses vêtements de drap; de plus, le ciel est voilé, un peu trop parfois, et l'éclatante lumière du soleil ne vous aveugle pas.

Le Fleuve Rouge est long, très long même, comme l'on sait, et quoique moins important que son grand frère indo-chinois le Mékong, il mesure encore près de deux mille kilomètres et descend aussi des plateaux de l'arrière-Chine.

La première section du parcours est

d'Hanoï à Viétri, au confluent des deux affluents du Fleuve Rouge la Rivière Claire, grossie du Song-Chay, et la rivière Noire.

Le paysage se poursuit d'abord plat et quelques heures après le départ le nom de Sontay vient évoquer un des douloureux épisodes de la conquête. Hélas! dans notre visite du Tonkin nous en trouverons d'autres, et il me paraît inopportun de m'étendre ici sur des considérations relatives à l'opportunité ou à la non-opportunité de l'occupation du Tonkin, qui a toujours coûté des centaines de millions à la France, mais a complété, on peut dire, notre vaste colonie d'Indo-Chine.

Sontay est un centre peu important et d'un intérêt médiocre, malgré sa pagode; aussi passons. L'escale cependant offre une animation particulière; nous retrouvons l'inévitable gendarme, qui étonne et surprend un peu dans ces lointaines régions. Des agents indigènes, la badine à la main, font la police, tandis que de petits marchands viennent offrir des fruits, contre argent, bien entendu. Pour un ou deux sous on peut aussi s'acheter une portion de riz enveloppée dans une feuille verte... ce sera le déjeuner de plus d'un passager de pont.

Le paysage se modifie un peu; des silhouettes de montagnes tranchent sur l'horizon. A gauche, se dresse le mont Bavi avec ses 1,300 mètres de hauteur; mais, à cette époque, le sommet en est souvent caché par les nuages.

La nuit arrive et au loin apparaît Viétri, c'est-à-dire une rive un peu plus élevée au-dessus de laquelle se dressent deux gros arbres (un énorme surtout). A côté sont quelques constructions européennes, l'agence des Messageries fluviales, un petit hôtel-restaurant, une infirmerie militaire et ses dépendances. Le village indigène est en retrait. En face est Bac-Hat avec une suite de paillottes flottantes. La situation de Viétri lui donna une certaine importance. A droite, on a la Rivière Claire (c'est-à-dire sur la rive gauche du Fleuve Rouge) et à gauche la Rivière Noire, desservies toutes deux sur la première partie de leur parcours par une chaloupe monoroue.

On met une journée de Viétri pour gagner Yen-Bay, chef-lieu des troisième et quatrième territoires militaires, car le Haut-Tonkin, comme on le sait, est régi par l'autorité militaire qui, il n'est plus besoin d'ajouter, est moins onéreuse que l'administration civile.

A Hong Hoa, où l'on fait escale, réside le vicaire apostolique, faisant fonctions d'évêque pour la mission du Haut-Tonkin; aussi une église dresse sa tour carrée non loin du fleuve. En face s'élève, sur l'autre rive, une pagode. Chemin faisant, on voit défiler les cagnas (paillottes) de quelques modestes villages, et l'on saisit au vol des scènes variées ; des gamins courent sur la berge en criant au passage du bateau ; certains demandent même des sous (on voit que « pour changer c'est toujours la même chose »). Accrochées au rivage ce sont des jonoques parfois vastes, des sampans où nichent des familles entières, ou même de plus modestes nacelles en bambous tressés, grands paniers flottants. Nous retrouvons toujours cette végétation qui nous est maintenant familière, bambous souples, bananiers, arequiers, etc. A droite et à gauche, des collines encadrent le fleuve qui se resserre, quoiqu'il soit encore d'une largeur supérieure à la plupart de nos grandes rivières françaises. Mais son fond est loin d'être plat... et gare les échouages! A un endroit apparaît au passage un pont couvert servant de marché, et le fleuve avec la vie et le mouvement qui règnent sur ses rives évoque le souvenir de certaines fractions du Mékong.

Camkhé est l'escale suivante ; mêmes scènes de débarquement et embarquement, bien faites pour tenter l'objectif du photographe amateur ; malheureusement pour moi, le jour n'est pas propice. On a du reste souvent de ces déconvenues en cours de route, aussi est-il bon de pouvoir avoir recours à son crayon et mieux encore à son pinceau... De quelles précieuses ressources m'ont ils été souvent dans mes pérégrinations à travers le monde; je le reconnais pour ma part. En face de la station est Than-Ba, dont la blanche vice-résidence se dresse au-dessus d'une berge élevée. Le bateau marche quelque peu en zig-zag pour éviter les bancs de sable qui obstruent irrégulièrement le lit du fleuve. A l'horizon, des montagnes gris-bleu rompent la monotonie du paysage.

Hien-Luong est le nom de l'escale précédant Yen-Bay. C'est là souvent que le bateau stoppe pour passer la nuit, si l'on n'a pu arriver le soir même, car il est imprudent de naviguer surtout quand les ténèbres sont épaisses, comme dirait le poète; nous mouillons au milieu du courant au lieu de rester à la rive, pour empêcher équipage et miliciens de passage d'aller à terre faire la fête...; sage précaution, car le lendemain aurait eu des craintes pour la fin du parcours (voilà ce que je trouve noté sur mon calepin).

Heureux de serrer une main amie, celle d'un brillant officier auquel j'avais promis d'aller rendre visite en son lointain séjour, où il commandait en maître, et où il a su se montrer un véritable administrateur, créant des centres de population, construisant des écoles, faisant des routes, osant même jeter des ponts, secondé, il est vrai, par un groupe d'officiers d'élite ; heureux donc de le retrouver après de longs mois d'absence, je débarquais à Yen Bay en fin janvier dernier. C'est sous la conduite du colonel que je faisais le « tour du propriétaire », c'est-à-dire qu'il était satisfait de me montrer son œuvre, car en cela nos vaillants soldats ont accompli aux colonies nouvelles les travaux semblables à ceux que faisaient les légions romaines dans leurs incursions lointaines. Yen Bay tout d'abord est bien placé à une boucle formée par le fleuve ; dominant l'ensemble est le fort où se trouvent l'habitation du commandant supérieur, le logement des officiers, la caserne, l'infirmerie. Deux petits vallons situés dans l'intérieur de l'enceinte sont utilisés comme jardins. Au bord du fleuve est la demeure de l'agent des Messageries ; puis, en retrait, la douane, la poste et autres constructions aux larges baies formant arcades. Plus loin est le nouveau cercle militaire avec son jardin en terrasse, une modeste auberge et des habitations chinoises. Les Chinois sont en effet les principaux commerçants de cette petite ville en formation, qui possède des rues plantées et éclairées, un marché couvert très animé, et une blanche église avec son petit clocher, près de laquelle se lisent au-dessus d'une porte ces simples mots : *Requiescant in pace.* Oh! oui, qu'ils reposent en paix ces pauvres enfants de France qui se sont éteints loin du pays, et dont la fin prématurée a plongé dans le deuil tant de familles. Mais arrachons-nous à ces tristes pensées et, voyageurs infatigables, désireux de voir et d'apprendre, reprenons notre bâton, puisque lecteur bienveillant ou aimable lectrice, vous avez bien voulu être du voyage..... Il est vrai, je me permets d'ajouter qu'il vous aura peu coûté et peu fatigué..... Je l'espère !

Yen-Bay est le point de départ d'une route (d'environ deux à trois mètres de large) sur Tuyen-Quang, que nous verrons plus tard. La distance est de soixante kilomètres. Une autre route, suivant la vallée du Fleuve Rouge met en communication les différents postes depuis Hanoï jusqu'à Laokay, et de Yen-Bay à ce point extrême, elle mesure 160 kilomètres, tandis qu'il faut en compter environ 200 par le fleuve. La distance totale par voie fluviale d'Hanoï à la frontière chinoise serait de 200 milles marins, d'après les chiffres que j'ai pu relever. Il faut observer que déjà un certain nombre de routes sillonnent le Tonkin, dues à l'armée qui poursuit son œuvre. C'est elle encore qui étudie pour la majeure partie du parcours le tracé de la future voie ferrée devant pénétrer au cœur du

Yunnan. Grâce à ces routes, le service postal peut se faire d'une façon plus rapide au moyen de « tram », c'est-à-dire de porteurs piétons, qui se succèdent par étape. Une lettre met ainsi à peine quelques jours pour, d'Hanoï, gagner les postes extrêmes.

De Yen-Bay à Laokay, au temps des hautes eaux, le trajet s'accomplit en deux jours avec une chaloupe à vapeur, mais au moment de mon passage au Tonkin, en hiver, comme on sait, les eaux descendant étaient basses, laissant à découvert en certains endroits une partie de la rivière ou tout au moins de nombreux bancs de sable, aussi, le vapeur ne marchant plus, il fallait avoir recours aux joncques qui assurent le service. Ces embarcations dites joncques de Manhao, leur port d'attache pour la plupart, appartiennent donc en général à des chinois ; elles méritent une mention spéciale tant à cause de leur importance que de leur gréement. Faites en planches souples, à fond plat, et légèrement relevées à l'avant et à l'arrière, elles mesurent une quinzaine de mètres de longueur et parfois même davantage, sur deux mètres cinquante de largeur environ ; leur tirant d'eau peut varier entre trente et cinquante centimètres. Couvertes en grande partie de paillottes arrondies, elles sont munies d'un mât bizarre formé de bambous s'appuyant sur chaque bord pour se réunir au sommet. On peut y adapter une voile carrée qui soulage l'équipage, obligé soit de pousser à la perche soit de tirer à la corde au passage des rapides. A la descente on couche la mâture sur les paillottes, car il n'est pas besoin d'ajouter qu'elle enlève de la stabilité à l'embarcation qui par sa forme ne saurait s'incliner par trop sous peine de chavirer; aussi quand le vent souffle par côté il faut rétablir l'équilibre compromis en faisant contrepoids avec des hommes qui s'accrochent à la vergue du bas de la voile... le procédé n'est pas banal!

Les joncques de la compagnie des Messageries fluviales sont sur ce modèle mais on y a naturellement apporté des modifications surtout sur celles dites de première classe. Leur aménagement comporte une cabine à quatre couchettes avec table pliante que l'on place dans l'intervalle, à la suite la cabine du commissaire, puis l'office et la cuisine, et enfin à l'arrière le poste de l'équipage composé d'un pilote et d'une douzaine de matelots. Sous les planches du gaillard d'avant sont les approvisionnements de charbon, la volaille pour la route, etc. Des caissons à l'intérieur renferment les autres provisions. C'est dans ce minuscule hôtel flottant que nous allons passer quelques jours, confortablement nourri, j'ajouterai. La hauteur de la cabine est suffisante pour permettre à un homme de taille moyenne de se tenir debout. Il convient encore d'ajouter qu'à peu de frais on pourrait tendre l'intérieur de la cabine ou la peindre proprement. Un jeune commissaire a du reste aménagé ainsi avec goût celle qui lui était confiée ; je ne doute pas que la Compagnie ne complète ainsi son œuvre.

Une fois installé à bord, il n'y a plus encore qu'à se laisser vivre et à regarder. Le paysage va, en effet, devenir de plus en plus pittoresque. Déjà à la hauteur de Yen-Bay, le fleuve coule dans un encadrement de collines boisées, mais, en avançant, on en découvre de plus élevées dépassant quelques centaines de mètres de hauteur. Le Fleuve-Rouge serpente dans une allée plus ou moins étroite, et son lit lui-même varie entre quelques centaines de mètres de largeur pour se réduire par endroits à une centaine de mètres au plus. Inutile d'ajouter que chaque tournant, chaque coude, parfois fort brusque, réserve un coup d'œil nouveau. C'est généralement au-dessus d'une rive sablonneuse, rarement rocheuse, une garniture de panaches, cette plante si commune ici qui fait l'ornement des pelouses de nos jardins, entremêlée de bananiers sauvages et de bambous, puis la brousse, dans son enchevêtrement inextricable de verdure, arbres aux troncs clairs et lianes enlacées. Elle s'étage en plans ondulés, superposition de collines, finissant en montagnes. La gamme des verts s'y mêle aux ôcres et aux rouges, car par endroits l'incendie a roussi la brousse, qui est souvent picquetée d'essences d'arbres plus ou moins dépouillés de leurs feuilles. Au delà, les gris violacés et les bleus trouvent leurs places suivant l'éloignement et les colorations du ciel. Pendant mon séjour au Tonkin et surtout dans le nord, j'ai eu un ciel qui m'a malheureusement trop rappelé la France à l'automne, mais j'ai encore préféré ces temps couverts à un ciel trop éblouissant, d'autant plus que c'est alors une aveuglante lumière accusant la crudité des verts, sans pour cela que l'azur céleste soit d'un bleu intense, couleur réservée aux pays secs, comme l'Egypte ou l'Algérie... Et dire que, malgré les nuages, il faut se méfier du soleil dans la région qui nous intéresse.

Revenons à notre joncque qui, du reste, va naviguer de conserve avec plusieurs autres, formant ainsi le convoi régulier qui a lieu une fois la semaine, car en dehors il y a une série de joncques de commerce livrées à elle-mêmes et dont la marche est plus ou moins rapide selon l'ardeur ou la paresse des indigènes ; le contrôle et la surveillance sont en effet difficiles dans une navigation si accidentée.

Les arrêts ou escales situés en général aux stations militaires, munis d'un bureau de poste et télégraphe, tenu par un soldat à défaut d'employé civil, sont peu fréquents. Ce sont les seuls endroits où l'on rencontre des villages indigènes... et encore.

En dehors de cela, c'est la brousse, encore la brousse et toujours la brousse, où on a frayé la route qui suit sur la majeure partie de son parcours le fleuve coupant les boucles par endroits.

C'est aussi à cette brousse que les missions chargées d'étudier le tracé du chemin de fer ont dû s'attaquer durant de longs mois pour se livrer à leurs études sur le terrain. J'en ai rencontré plusieurs campées sur quelque rive ou dans des joncques. Certaines de ces dernières, à la noire coque, étaient, paraît-il, d'anciennes joncques de guerre, armées d'un canon-revolver, alors que l'on débarrassait le pays de la piraterie qui l'infestait.

Je ne narrerai pas non plus par le menu les diverses péripéties de ce voyage peu banal pour un Parisien; on passe, cela va sans dire, par plus d'une émotion, car les rapides, et ils sont nombreux, réservent parfois des surprises désagréables. L'essentiel c'est d'arriver, non pas sans incident, mais sans accident, et accident grave surtout. Il s'est déjà présenté que des joncques ont chaviré ou coulé en touchant violemment quelque roche perfide Quant aux échouages, on n'en tient aucun compte, surtout sur le sable. C'est aussi aux tournants que se trouvent d'ordinaire les bancs de sable ou de galets, plages improvisées auxquelles on s'arrête à l'heure du déjeuner et le soir, car, on ne peut songer à naviguer de nuit, surtout dans l'obscurité, quand la lune ne brille pas. Des imprudences ont déjà été commises à ce sujet, qui ont occasionné des accidents tragiques. On n'est jamais trop prudent et en voyant les difficultés de la navigation, en plein jour, par endroits, je laisse à penser ce qu'il peut en résulter quand le pilote ne voit plus clairement sa route. Plus d'une fois, il m'en souvient, nous avons été drossé par le courant et jeté à la rive ; d'autres fois nous ne pouvions battre un courant qui dépassait plusieurs nœuds à l'heure ; parfois encore on devait reculer et chercher une autre passe ; on rangeait de bien près les bancs, on effleurait les têtes des rochers, et dans les moments critiques il fallait toute la présence d'esprit et l'expérience du pilote. Plus d'une fois aussi il nous fallait exciter les hommes qui, aux passages difficiles, chantaient ou criaient pour se donner du courage, faisant ployer leur gaffe de bambou sous la poussée. Nous-même, nous joignions nos efforts aux leurs, et j'ai vu à diverses reprises, avec un serrement de cœur, je l'avoue, les indigènes frappés à coups de pied ou de cravache. Certains, il est vrai, mettaient bien de la mollesse dans la manœuvre ; c'est là l'excuse.

Bien que nous remontions à contre-courant on avançait tout de même et assez vite, parfois, dans les parties tranquilles où le fleuve s'étalant en une sorte de lac, semble se reposer avant de reprendre sa course précipitée. De plus, le vent soufflant, on avait hissé la voile, précieux secours qui devait nous faire gagner une journée.

Dans un joli coin apparaît le blockhaus de Ngoï-Hop ; un peu plus loin un modeste colon débutant (c'est le dernier sur le fleuve) a élevé une humble demeure où il vit, sous la sauvegarde de quelques miliciens. Comme il fabrique de la chaux et des briques, l'administration lui vient en aide en lui faisant quelques commandes.

Le lendemain, nous passions le premier « thac » ou rapide, le plus important que nous trouverons. Avant de le franchir nos hommes font une offrande à la divinité (en l'honneur de laquelle se dresse un petit sanctuaire) ainsi qu'au fleuve. Chaque soir, du reste, ils ne manquent pas d'allumer de petits cierges à l'avant du bateau... Braves gens qui croient au moins à quelque chose ! Au bout du tournant, c'est Traï-Hutt, adossé à des pentes vertes Un village annamite s'est groupé auprès du poste militaire encerclé dans son grillage de bambous apointés.

Plus loin Lang Cai est un autre poste, puis derrière un promontoire apparaît pittoresquement placé Bao Ha, dont le poste avec sa tour carrée ressemble à une église. Il n'y a encore là qu'un village de quelques centaines d'habitants. Tous les blockhauss créés à l'époque de la campagne ne sont plus occupés; certains sont abandonnés comme Thaï Van et Lang Nhu. Dans cette fraction du fleuve on trouve plusieurs rapides plus ou moins pénibles à franchir, et l'on rencontre des îles et îlots ainsi que des roches disséminées. Thaï Nien est la dernière escale que l'on fait avant Laokay, qui se montre enfin dans son encadrement de montagnes.

Chemin faisant on a croisé de nombreux radeaux de bambous se laissant dériver au fil de l'eau, les uns spacieux avec des paillottes, sortes d'îlots flottants, et d'autres plus modestes ne pouvant porter parfois qu'un ou deux passagers, ou encore un convoi descendant ou bien quelque joncque isolée... Sur le fleuve peu d'oiseaux, et sur les bords il est rare que l'on aperçoive quelque animal... c'est la solitude silencieuse. Nous voilà donc au point extrême de notre navigation, à moins que l'on ne veuille pousser jusqu'à Long-Po ou Man-Hao, auquel cas il faut équiper une joncque, ce qui coûte fort cher.

On peut aussi voir dans ce cas au passage une intéressante tentative d'exploitation minière faite par un jeune ingénieur français, qui a trouvé de beau minerai de fer et ne désespère pas de mettre la main sur du charbon. Inutile de dire le succès de l'entreprise dans le cas de réussite avec la perspective du chemin de fer de pénétration au Yunnam, dont la mise en train des travaux ne saurait tarder.

Laokay, ce nom commence à être connu du public surtout depuis la question des chemins de fer devant avoir pour but de nous ouvrir les portes de la Chine, dans les régions avoisinant le Tonkin, mais peu savent ce qu'est ce poste avancé où le colonel Maussion, poursuivant l'œuvre de ses prédécesseurs, portait nos armes victorieuses. Il chassait de sa retraite l'audacieux pirate, chef des trop célèbres Pavillons Noirs, Luu Vinh Phuc, qui, avant de passer en Chine, brûlait derrière lui. On peut encore voir debout les restes de rempart et une porte de l'enceinte ainsi que les murs de la pagode, pour la décoration de laquelle on avait fait venir du granit sculpté. Elle offre encore également des fresques curieuses à personnages. L'emplacement avait été choisi avec soin au confluent de la rivière aux eaux vertes du Nam Ti, qui se replie en une boucle assez fermée, et le Fleuve-Rouge, dont le lit est garni de vastes bancs de sable au pied de rives escarpées, le long desquelles l'eau s'élève de plusieurs mètres à l'époque des crues (on a constaté des écarts de niveau de huit à dix mètres). Malheureusement le terrain relativement exigü est très tourmenté, et c'est avec peine qu'on a pu tracer des rues en arrasant le sol; aussi la ville ne pouvant prendre de l'extension, on a créé en face le faubourg de Coc Leu, où ont été installées l'ambulance, les casernes, le service de l'artillerie, etc... Une église dresse sur le côté son blanc clocher, dont la cloche rappelle, par ses tintements journaliers, la patrie lointaine. A côté se groupent des cases indigènes, embryon d'une ville future, peut-être. Plus loin, un vaste enclos où se dressent nombreuses des croix, rappelle hélas ! que la conquête a encore coûté ici bien des existences humaines. En avant sur la berge est la demeure du commandant de place. Un bac relie Coc Leu à Laokay entre lesquelles on avait projeté un pont, dont plusieurs des piles se dressaient dans le fleuve lors de mon passage...

Quant à Laokay à proprement parler, dominée par un fortin, et malheureusement aussi par des forts chinois, peu dangereux il convient d'ajouter, la ville ne comporte que quelques rues et places. Elle renferme aussi une caserne et la résidence du commandant du cercle, qui se dresse sur un mamelon. Les principales constructions sont l'école, la poste, les bureaux, le cercle militaire, en terrasse au bord du fleuve, la douane... sans oublier deux hôtels à voyageurs, fort modestes naturellement. Il y a aussi un certain nombre de commerçants chinois.

Inutile d'insister sur la situation exceptionnelle de Laokay, qu'un pont va bientôt unir à la ville chinoise de Hokéou ou Song Phong, située de l'autre côté de Nam Ti. Elle va devenir ainsi la véritable clef du Yonnan, que nous aurions déjà pû occuper si on l'avait voulu, sans même avoir besoin de faire naître des prétextes, lesquels devaient du reste surgir d'eux-mêmes en diverses circonstances. Ce point du fleuve Rouge est de plus le grand port de transit par où passent les filés anglais, indiens et allemands, pour le transport desquels on compte les jonques, dites de Manhao, par centaines et même milliers; qui en échange descendent particulièrement de l'étain de l'importante mine chinoise exploitée aux environs de Mongtzé.

Un bien modeste fortin domine enfin Laokay qui, entouré de tous côtés, offre, paraît-il, un séjour plutôt malsain. Si l'hiver y est frais et plutôt humide, à cause du crachin qui tombe trop souvent malheureusement; par contre, l'été y est très chaud.

Pendant mon séjour, j'ai été témoin d'un fait que je ne saurais passer sous silence, c'est l'incendie d'Hokéou. Comme c'était la fête du « Têt », c'est-à-dire le premier de l'an chinois et annamite, en signe de réjouissance, des pétards éclataient de tous côtés, nous assourdissant les oreilles ; mais bientôt la fête prenait une sinistre et tragique tournure, l'incendie éclatait et le feu se développant rapidement gagnait de paillottes en paillottes ; et les flammes s'élevaient à une grande hauteur, colorées parfois par les essences ou des marchandises diverses contenues dans les magasins, éclairant lugubrement le ciel et les collines environnantes. Au matin, d'une ville de plusieurs mille âmes, il ne restait plus guère que la grande pagode en partie dévastée, et des bambous fumants... Terrifiant spectacle auquel nous avions dû tous assister sans pouvoir agir. Les familles chinoises s'étaient sauvées sur la grève ou dans la campagne, regardant flegmatiquement s'accomplir l'œuvre dévastatrice qui ruinait plus d'une d'entre elles...

Le lendemain, après avoir jeté un dernier coup d'œil sur le panorama de montagnes qui se déroule devant Laokay, sans avoir pu apercevoir les aiguilles des roches se dressant à plus de trois mille mètres de hauteur, nous prenions la voie du retour, et trois petites journées nous suffisaient pour gagner Yen Bay.

.

Je ne m'étendrai pas davantage sur cette région du Tonkin qui confine au royaume de Luang Prabang, ne voulant pas décrire un pays que je n'ai pas parcouru. Il existe là une série de postes militaires échelonnés sur la frontière à droite et à gauche de Laokay, reliées entre eux par des sentiers ou même des routes. Sur la droite se dresse un important massif montagneux, dont certaines altitudes atteignent et dépasseraient même, paraît-il, trois mille mètres ; aussi y voit-on parfois de la neige l'hiver. En tous cas ces sommets sont encore vierges mais peut-être pas faits pour tenter tous mes aimables collègues du club alpin français. Du reste on pourra facilement se rendre compte de la configuration du pays grâce à la carte levée avec soin par les officiers sous la direction du chef du territoire dont j'étais l'hôte, durant quelques jours, de l'aimable colonel de B.. Grâce à lui j'ai pû également faire une intéressante et instructive excursion à travers la brousse, visitant quelques postes dont je n'ai pû qu'admirer l'in-tallation et l'intelligente administration. Je compte du reste revenir sur ce sujet prochainement et produire quelques vues à l'appui de mon article, qui paraîtra très-vraisemblablement dans la Revue Illustrée : *L'Expansion française coloniale.*

Néanmoins je ne puis faire autrement que de donner au lecteur une idée de l'œuvre accomplie par l'armée.

Après la conquête et l'achèvement de la pacification une nouvelle phase s'est ouverte pour l'armée. Elle a procédé à son installation. ne négligeant rien pour le bien-être des hommes, qui se transforment en colons suivant les besoins. On fait alors appel à toutes les bonnes volontés, à toutes les connaissances. et chacun reprend son métier d'autrefois ou utilise ses aptitudes. On troque son fusil contre une bêche, une truelle ou un marteau. C'est ainsi que sont élevés des postes aux maisons en maçonnerie entourées de jardins, où nos légumes d'Europe poussent à souhait. Certains de ces établissements sont de véritables exploitations agricoles montrant aux indigènes. ce que l'on peut faire et la marche à suivre. Malheureusement ils n'ont pas nos besoins et restent indifférents. Les communications télégraphiques ont succédé aux postes optiques, et des routes se sont ouvertes à travers la brousse et la forêt ! Ces dernières se confondent souvent en un fouillis inextricable de verdure. Les beaux arbres nous ont paru relativement rares, mais il existe des géants forestiers qui atteignent des proportions inusitées. Les bambous règnent généralement en maîtres, mais parfois c'est la jungle aux herbes hautes de plusieurs coudées que l'on livre souvent au feu. C'est ainsi que, chemin faisant, il m'est arrivé de marcher presque environné de flammes en certains endroits. Le long de la route il arrive aussi que l'on est quelquefois obligé de descendre de cheval pour franchir quelque arroyo; certains deviennent même infranchissables aux hautes eaux; en tout cas, on est parfois obligé de chercher un endroit guéable. Pour la traversée des gros ruisseaux ou rivières, on trouve heureusement d'ordinaire une embarcation plus ou moins rudimentaire, voir même un bac. Il faut du reste reconnaître que l'autorité militaire a beaucoup fait pour faciliter les communications. Je passerai sous silence les ponts qu'elle a fait déjà établir, et bientôt certaines routes pourront se parcourir en voiture. Il va sans dire que dans certains parages le sol a été défriché, et ce sont alors des rizières qui s'étendent aux environs de villages éparpillés dans la verdure.

La solitude de ces lieux déserts est parfois égayée par le chant ou même la vue de quelque oiseau, et le gibier ne manque pas, mais il peut être d'une rencontre désagréable.... panthères, tigres ou éléphants ne font pas défaut en plus d'une région semant la terreur et causant de graves préjudices parfois ; c'est ainsi que les félins, payant d'audace, viennent jusque dans les villages enlever du bétail, ou que les éléphants dévastent les rizières. Le gouvernement accorde, du reste, des primes pour encourager la destruction des plus redoutables de ces dévastateurs.

Je parlais des villages... et il me souvient à ce sujet de certaines réceptions qui nous ont été faites où les autorités venaient au devant de nous, nous offrant le thé ou des fruits. En une autre circonstance, nous rencontrions une procession où des divinités entourées de cierges étaient promenées par la campagne aux sons de la musique et escortées de bannières et étendards flottant au vent..... pour attirer les bénédictions du ciel sur les biens de la terre.

Mais je n'en finirais pas.

Nous avons vu le parcours du Fleuve-Rouge, mais je ne saurais passer sous silence ses affluents principaux et certains de ses sous-affluents.

C'est d'abord la Rivière-Claire, grossie du Song-Gam et du Song-Chay, ce dernier courant parallèlement au Fleuve-Rouge. D'une certaine importance et navigable, dans sa partie basse, en joncques, il n'est pourtant pas d'une navigation facile, pas plus que le Song Gam et la Rivière-Claire elle-même. Cette dernière que l'on peut remonter péniblement en un mois environ, par joncques, cela va sans dire, jusqu'à Ha Giang, ne présente pas moins de cent-soixante rapides (à peu près autant que de kilomètres) dont trois principaux, comme celui dit « du Grand Bouddha » réputé le plus difficile. Une entreprise assure le transport depuis Tuyen-Quang.

Ce nom évoque encore le souvenir d'un glorieux fait d'armes, qui malheureusement nous a coûté cher. C'est là qu'une poignée de braves commandée par Dominé a failli succomber sous le nombre, enfermée dans la citadelle qui dresse encore une partie de son mur d'enceinte percé de trois portes surmontées de miradors. Elle renferme aujourd'hui des casernes, l'infirmerie et autres bâtiments militaires, ainsi que deux modestes cimetières, groupés au pied d'un mamelon fortifié, dernier refuge des vaillants défenseurs qu'on a pû arracher à une armée chinoise. Tout proche est le marché et le cercle militaire, puis la résidence et son vaste jardin. et à la suite une rangée de maisonnettes indigènes avec boutiques. Plus loin encore, sont des paillottes, toujours alignées le long de la rivière, tandis qu'en retrait l'église de la Mission dresse son clocher blanc sur un tertre. Enfin sur la rivière elle-même est une suite de barraques flottantes et de joncques, comme nous en avons déjà vues et comme nous en verrons encore. Le malheur de Tuyen-Quang c'est sa fâcheuse situation, qui lui vaut d'être inondé chaque année à l'époque des hautes eaux. De plus, la ville est dominée par une suite de collines d'une hauteur variant entre deux et six cents mètres. Une de celles-ci porte un fortin dit : « Fort Giovanelli » occupant une intéressante position stratégique au coude fait en cet endroit par la Rivière-Claire.

La Compagnie des Messageries fluviales tonkinoises dessert hebdomadairement Tuyen-Quang par une petite chaloupe monoroue qui s'échoue plus d'une fois aux basses eaux. Un accident tragique s'est même produit il y a quelques années sur ce parcours.

Dans ces parages se trouvent également quelques concessions d'une certaine importance; on y cultive plus spécialement le café et l'abaca (plante textile). Mais je ne puis songer à aborder la question des concessions dans ce court récit de voyage, je me réserve d'y revenir à un autre moment...

**

De la rive gauche du Fleuve-Rouge, passons sur la rive droite, et, partant de Viétry, remontons le fleuve quelques lieues pour prendre la Rivière Noire, qui emprunterait son nom, paraît-il, à la coloration sombre de ses eaux, coloration dûe aux reflets des rives escarpées dans les passages étroits, qui se transforment parfois en véritables gorges rocheuses; et jetant les yeux sur une carte on voit que ce cours d'eau ne le cède en rien, comme importance, a sa sœur la Rivière-Claire; mais il l'emporte en pittoresque surtout dans la partie haute. La navigation est également si difficile que c'est à peine si l'on peut en remonter le cours pendant une centaine de kilomètres, en bateau à vapeur. Et encore, pour ce faire, on doit se servir d'une petite chaloupe à vapeur (monoroue) d'un très faible tirant d'eau, faisant la navette entre Chobo sur ladite Rivière-Noire et Tuyen-Quang sur la Rivière-Claire. On ne regrettera, du reste, pas ce parcours, je le dis tout de suite. Nous voilà donc installés dans le minuscule salon-cabine du *Passe-Partout*, où un jeune et aimable commissaire se met en quatre pour rendre la place trop exigue, plus spacieuse, lorsqu'il y a affluence de passagers. Heureusement que le hasard avait bien fait les choses pour moi, et que j'ai pu m'installer à l'aise, étant seul voyageur. A l'entrée de la rivière, les cagnas de quelques villages meublent la rive, qui s'éboule par endroits en importants fragments, formant ainsi des bancs et déplaçant à la longue le cours de la navigation. Les gamins, au passage, poussent des cris et nous saluent à leur façon. Par place, il faut sonder pour s'assurer que l'on aura assez d'eau; il n'est pas rare, du reste, comme on l'a vu ailleurs, que l'on gratte le fond à diverses reprises. Puis on laisse à droite une pagode sur un tertre verdoyant dominée par un petit poste encerclé d'une haute barrière en bambou; auparavant, on a longé à gauche de vastes bancs de sable, sur lesquels quelques familles s'installent aux basses eaux, se livrant à la pêche. Au fond du paysage se silhouettent quelques collines bleutées... nous allons les voir de plus près. Déjà, sentinelle avancée, se dresse un massif rocheux dit « les rochers Notre-Dame », à cause d'une certaine analogie qu'il offre avec une cathédrale en construction... et un peu d'imagination.

Collinettes et collines se succèdent bientôt, encadrant la rivière. Elles apparaissent verdoyantes, ou parfois fauves, lorsqu'elles ont été défrichées pour être livrées à la culture. Inutile d'ajouter qu'un chasseur pourrait encore dans ces parages jeter sa poudre aux oiseaux.

Bientôt quelques maisons européennes se montrent au-dessus d'une berge élevée; c'est le poste, de création toute récente, d'Hoa-Binh.

Tout de suite après s'ouvre un défilé, et la rivière coule resserrée entre des collines escarpées, taillées parfois jusqu'à pic, le rocher étant à nu par endroits et tachant en clair la verdure. Vingt-cinq kilomètres plus haut le lit de la rivière est brusquement obstrué par un banc de rochers où les eaux se sont frayées un passage, rongeant la pierre, la limant, la perforant même (car il existe plusieurs arcades naturelles). Le site est des plus pittoresque; c'est Chobo, un village dominé par un poste de miliciens.

A partir de là, la rivière ne se remonte plus qu'en pirogues, et le voyage devient non sans danger, les rapides succédant aux rapides. C'est par semaines et par mois même que l'on compte.

Pour mémoire, je citerai en remontant Van-Bu, puis Laï-Chau, où réside Deo Van-Tri, l'ancien pirate, chef reconnu de la région. Nous sommes sur la route de Luang-Prabang. Le commerce de la région consiste surtout en thé, en caoutchouc, et on y trouve du minerai de cuivre et même de l'or...

YUNNAN

YUNNAN

Tout naturellement je me trouve à parler du Yunnan, cette province de l'arriere Chine, au sujet de laquelle on a déjà tant écrit. Par sa situation elle ne pouvait manquer de nous préoccuper, comme l'on sait, et il ne saurait en être autrement si l'on songe que sa surface dépasse les deux tiers de la France et que sa population se chiffre par une dizaine de millions d'habitants au moins. Grâce à son attitude élevée, le Yunnan se rapproche des conditions climatologiques des pays tempérés, et par conséquent on y trouve une similitude de culture avec les nôtres et les fruits de nos contrées y viennent assez bien à maturité. Les plateaux, d'aspects dénudés, atteignent facilement quinze cents et même deux mille mètres, et les sommets dépassant trois mille mètres, et même davantage, ne sont point rares. Au point de vue hydrographique, le pays est divisé en six bassins par les fleuves du Yang-tsé-Kiang ou Fleuve Bleu, du Si-Kiang ou rivière de Canton, du Mékong, du Fleuve Rouge, de la Salouen et de l'Irraouaddy. Sur les plateaux on trouve des lacs dont quelques-uns d'une certaine étendue, comme celui d'Yun-Nan-Sen (50 kil. sur 10 à 15 kilomètres). Les principales villes : Yun-Nan Sen, Tali, Lin-Nghan, Sin-Hin, Mong-tzé sont à des altitudes variant entre 1,400 et 2,000 mètres. Certaines vallées sont fort creuses et il y coule d'impétueux torrents.

Au point de vue administratif, à la tête du pays est un vice-roi ou (tche-tai) assisté d'un trésorier et d'un juge criminel. A la tête de chaque région est un mandarin ou (tao-tai). Puis il y a des préfets ou (fou) et des fonctionnaires subalternes, plus des délégués pour le sel et des préposés aux douanes... Mais ce sont là des détails qui intéressent peut-être médiocrement le lecteur, auquel il importera plus de savoir que le pays peuplé de races diverses venues de Chine, du Thibet, du Laos et du Siam, comme les Meo, les Chan, etc., produit principalement du riz, du maïs, du sorgho, de la fève, de l'arachide, de l'indigo, de la canne à sucre, du thé (fort renommé) etc., sans parler de la culture maraîchère. De plus, il existe au Yunnan certaines industries locales, fabrication de bijouterie, d'objets de cuivre et étain, et autres. On ne peut donc pas nier l'intérêt présenté par cette province chinoise au point de vue commercial. C'est pourquoi ceux qui l'avoisinaient ont cherché un accès pour y pénétrer. Deux nations étaient bien placées par leur colonie respective, l'Angleterre par la Birmanie (voie de l'Irraouadday) et la France par le Tonkin (voie du Fleuve Rouge) celle du Mékong devant être écartée.

La situation nettement établie, chacun a agi de son côté ; quand je dis chacun, il serait plus juste de constater à ce sujet qu'encore une fois nous nous sommes laissé devancer par nos voisins. J'ai pu, en effet, constater par moi-même, au cours d'un voyage en Birmanie, (1) que les Anglais avaient pris les devants en créant une ligne ferrée avec embranchement vers le Yunnan, qu'ils auraient déjà atteint, n'étaient les difficultés naturelles auxquelles ils se sont heurtés. Et cependant, il semble bien prouvé aujourd'hui que nous avons l'avantage pour

---

(1) *Au Pays des Pagodes et des Monastères « en Birmanie »* par Eugène Gallois, chez Delagrave, libraire.

nous par la voie, quoique défectueuse, du Fleuve Rouge. C'est, en effet, par là surtout que descendent les produits chinois ; et les joncques remontent avec des marchandises européennes, comme on l'a vu. Heureusement que, mieux vaut tard que jamais, comme dit le proverbe, et aujourd'hui on semble s'occuper de suppléer à l'insuffisance du Fleuve Rouge par la création, qui ne saurait tarder, il faut l'espérer, d'une voie ferrée, comme personne ne l'ignore du reste.

Rappelons que cette ligne de chemin de fer se rattachant à celle d'Haïphong-Hanoï-Viétri-Laokay, va bientôt entrer en cours d'exécution. Partant de Laokay-frontière française, elle doit d'abord suivre le fleuve pendant soixante-cinq kilomètres jusqu'à Sinkay pour s'élever ensuite jusqu'à Mong-Tsé par la vallée du Sin Chien-Ho, c'est-à-dire franchir une altitude de plus de treize cents mètres et environ cent cinquante kilomètres de parcours. La ligne serait prolongée plus tard jusqu'à Yun-Nan-Fou, distant d'environ trois cents kilomètres. Le premier tronçon serait, d'après les prévisions, une affaire de près de quatre-vingts millions de francs... Mais... n'entrons pas plus avant dans la question. Nous en reparlerons ailleurs...

Il ne faut pas oublier qu'en dehors des productions énoncées ci-dessus, le Yunnan possède des richesses minières incontestées et dont certaines sont depuis longtemps en cours d'exploitation, telles les mines de cuivre (les plus importantes) d'autres d'étain, de fer, d'or, d'argent, de charbon, etc.

Comme je le disais, la question est donc intéressante... et qui vivra verra...

ANNAM

ANNAM

Au point de vue de son aspect général personne n'ignore ce qu'est l'Annam, et au besoin un simple coup d'œil jeté sur la carte fera vite concevoir ce que peut être ce pays s'étendant sur le flanc de la presqu'île indo-chinoise avec un long développement de côtes, pittoresquement découpées. L'Annam, qui, pour nous, a donné son nom à la race jadis puissante que nous avons supplantée, celle des Annamites, avec laquelle le lecteur a commencé à faire connaissance, consiste en une longue bande de territoire ne mesurant pas moins de quatorze cents kilomètres de longueur (distance supérieure à la plus grande diagonale que l'on puisse tirer dans notre France) sur une largeur moyenne de deux cent cinquante kilomètres, présentant une surface approximative de 230,000 kilomètres carrés. On évalue sa population, en chiffres ronds, à quatre millions d'habitants. Les Chinois sont, encore ici, assez nombreux; on en trouve dans les différents centres du littoral.

Ce pays, au climat tropical tempéré, c'est-à-dire tenant le milieu entre la Cochinchine et le Tonkin, n'ayant pas la chaude humidité constante de la première et ne présentant pas les abaissements de température que l'hiver réserve au second, mais ne connaissant pas non plus ses grosses chaleurs, convient donc admirablement à toutes les cultures en principe. De plus ses conditions montagneuses, car le littoral seul présente des plaines basses, et encore, sont une source de richesses naturelles de plus; je veux parler des forêts immenses que l'on commence à peine à exploiter. Cela n'empêche pas non plus le sous-sol, fort intéressant, d'être l'objet, non seulement d'études, mais même de tentatives d'exploitations fort concluantes. Qu'il me suffise de citer les mines de charbon de Nong-Son reconnues depuis plus de vingt ans et concédées à une société française, en 1889, par le gouvernement annamite. Elles comptent déjà environ plusieurs kilomètres de galeries, ce qui prouve leur importance relative. La houille anthraciteuse qu'on en extrait serait, paraît-il, supérieure au combustible minier tonkinois... Mais ce sont là des considérations techniques qui n'auraient que faire ici. Je ne saurais omettre de citer les mines d'or de Bong-Miû, situées également dans les environs de Tourane. J'espère bien, du reste, reparler dans d'autres circonstances de ces intéressantes exploitations où des capitaux français pourront trouver une fructueuse rémunération, engageant ainsi, exemples à suivre, d'autres capitalistes à chercher dans nos colonies l'utilisation d'une épargne française qui n'a que trop tendance à prendre la voie de l'étranger.

Je pourrais aussi citer d'autres exemples non moins concluantes, au point de vue commercial et surtout agricole, mais je compte bien, complétant l'œuvre que je me suis tracée, revenir plus longuement sur ces différents sujets, dans une Revue, par exemple, comme cette jeune publication, d'où naquit une Société d'études pratiques d'un si intéressant avenir, je veux nommer « l'Expansion française coloniale » dont je me flatte d'avoir été un des pères nourriciers. Néanmoins je ne puis négliger de constater que l'ensemble des concessions accordées en Annam ne représente pas moins d'une vingtaine de milliers d'hectares, sur lesquels des essais réussis de cultures diverses n'ont pu faire qu'attirer le colon. En première ligne il convient de placer le thé, — qui, exporté de Tourane, sous la dénomination générale de thé d'Annam, fournit déjà à la France plus du dixième de sa consommation annuelle. Il n'y a donc qu'à souhaiter voir ces exemples suivis par d'autres, car il n'est pas besoin d'ajouter que ce n'est pas la place qui manque.

Le pays jouit, du reste, d'un climat, comme on l'a vu, qui ne saurait faire reculer le colon désireux de se créer une position; car ce serait folie de croire qu'il suffit de débarquer dans une colonie pour se considérer comme un futur millionnaire. Mais si le million convoité ne doit jamais venir pour la plupart, tous les colons sérieux, travailleurs, trouveront dans le sol vierge une source suffisante de gains pour pouvoir, au bout d'un certain nombre d'années, jouir de ce qu'on est convenu d'appeler une honnête aisance. Avis aux amateurs!

Tout en voulant rester purement pittoresque et descriptif, on me permettra bien cependant de chercher, à l'occasion, à être quelque peu instructif; c'est ainsi, puisque nous savons comment l'Annam a dû se ranger sous nos lois — car je ne rappellerai pas ici l'histoire de la conquête, la présence de notre flotte à

Tourane puis la prise de Hué, faciles à retrouver dans les traités précis — qu'il me paraît intéressant de rappeler que l'Empire d'Annam est gouverné par une monarchie sans constitution ni contrôle. Aussi on conçoit les abus qui pouvaient se commettre lorsque nous sommes venus mettre bon ordre à tout cela. Et l'on peut dire que si nous taxons d'impôts ces Annamites, de grands enfants en résumé, nous les libérons des exactions sans nom auxquels ils étaient en but de la part de leurs mandarins. L'arbitraire était à l'ordre du jour et des usages barbares, alors en vigueur, font frémir d'horreur. On peut donc affirmer, quoique certains en disent, que nous pouvons et nous devons ici faire œuvre utile et humanitaire.

L'empereur cumule donc les fonctions de souverain pontife, de juge suprême, etc., etc., mais sous la surveillance du représentant de la France ! Il est le « père et la mère du peuple », le fils du Ciel. Disciple de Confucius, il suit les préceptes du célèbre chef de doctrine. Cependant, il est assisté de plusieurs hauts dignitaires : pour le civil, c'est le Daï-hoc, grand censeur, assisté de deux ou trois acolytes ; pour le militaire, c'est le grand maréchal, Trung-Quân, assisté de quatre maréchaux, désignés sous le surnom des quatre colonnes de l'Empire. Enfin, les affaires sont expédiées par six ministères constituant l'administration centrale : intérieur, finances, rites, justice, guerre, travaux publics. Je ne saurais entrer plus avant dans le détail de l'administration locale, pour laquelle on pourrait établir plus d'un rapprochement avec notre système administratif... Tout cela sous notre contrôle, cela va sans dire.

Avant de reprendre le cours de notre voyage, nous n'oublions pas que l'Annam peut être assimilé aux pays limitrophes, au point de vue général ; aussi je ne dirai rien de la flore (si ce n'est que l'orchidée y est commune), de la faune (le tigre abonde dans certaines régions), ni des autres données quelconques.

Tout le monde connaît au moins de nom Tourane, et peu de personnes ignorent l'importance de la situation de sa belle rade, un peu trop ouverte peut-être, et manquant malheureusement de fond pour les grands bateaux qui doivent aller chercher leur mouillage sous l'îlot de l'Observatoire, lieu désigné pour le port futur. C'est dans cette pittoresque presqu'île, patrie des singes dits « à culotte rouge », race toute particulière et qu'on ne trouve que là, paraît-il, que se fondèrent les premiers établissements européens et français aujourd'hui disparus. Seul un modeste monument commémoratif a été élevé sur ce coin de sol où dorment pour toujours quelques enfants de France. En retrait de ce petit massif montagneux, dont le point culminant dépasse six cents mètres, s'étend une longue bande de sable pendant des lieues dans la direction du sud. Elle est comprise entre la mer et la rivière à l'embouchure de laquelle s'est élevée Tourane, qui prolonge ses quais modestes le long d'un boulevard planté sur une distance de près de deux kilomètres.

Chef-lieu d'une des quatorze provinces de l'Annam, Tourane offre aux voyageurs quelques constructions d'une certaine allure, comme la résidence, l'hôtel des postes et télégraphes, celui de la banque de l'Indo-Chine, dans l'encadrement de son jardin, l'hôtel-restaurant-café avec sa terrasse, et quelques autres, dont l'énumération n'apprendrait rien. En arrière l'hôpital est compris dans l'enceinte du fort ainsi que la chapelle. Tourane possède un marché, un quartier chinois devant lequel s'alignent chaloupes à vapeur et sampans et joncques de commerce, et jusqu'à un soi-disant square, si l'on peut donner ce nom à un petit tertre boisé sur lequel on a placé quelques ruines kimères d'un intérêt plutôt médiocre ; du reste, je n'insisterai pas sur l'importance de la situation du premier port de l'Annam, placé à mi-route entre Saïgon et Hong-Kong ; elle saute trop aux yeux et il est à souhaiter qu'on prenne toutes les mesures pour assurer sa prospérité, surtout en ce qui concerne le régime douanier. On s'en est déjà occupé à plusieurs reprises, et il est à souhaiter que les sages conseils des économistes autorisés soient pris en bonne considération.

Au point de vue climatologique, le séjour à Tourane serait, paraît-il, préférable à celui de Hué et d'autres postes de l'Annam, à cause de la brise qui, à l'époque de la saison chaude, règne une partie du jour et de la soirée.

La promenade classique, au point de vue tourisme, en dehors de la visite de la plage, où les habitants de Tourane vont demander à la mer le charme du bain, est l'excursion aux montagnes ou rochers de marbre, situées à quelques lieues à peine au long de la plage qui se prolonge vers le Sud. Elle n'exige que quelques heures et peut se faire, soit en palanquin en suivant la plage, ou mieux encore par sampan. Malheureusement, ce mode reposant de transport nous met à une certaine distance des curiosités à voir, et il faut franchir dans un terrain sablonneux un bon kilomètre fatiguant, malgré le charme des aloès et des fleurs embaumantes qui encadrent la première partie du trajet. On atteint le pied envahi par le sable d'un escalier long et escarpé qui conduit, par une fente pratiquée dans la masse du rocher, à un petit plateau, à l'aspect de cratère, dominé de toutes parts par des rochers. Dans cette solitude, évoquant en bien minuscule réduction le site merveilleux de la Grande Chartreuse, se dressent de petites pagodes. Sur le côté s'ouvre une grotte dans laquelle est pratiquée une sombre ouverture conduisant par quelques degrés, dont les derniers sont flanqués de statues bizarres, barriolées de couleurs, gardiens fantastiques accroupis sur des bêtes apocalyptiques, conduisant, dis-je, à une salle des plus originales. Eclairée par des baies naturelles pratiquées dans la voûte dont la hauteur peut être évaluée à plus d'une vingtaine de mètres, cette grotte bizarre renferme chapelles, autels, sanctuaires vénérés, entretenus avec un culte pieux par des bonzes, véritables ermites relégués dans cette originale retraite. Il n'y a pas jusqu'à un pleur de terre formant une source fraîche. Du haut de ce plafond, aux couleurs de roches calcinées, pendent de longues lianes, semblant attendre des lustres inconnus pour compléter la décoration de ce temple souterrain... Un tunel naturel fait communiquer le plateau principal avec un plus petit, tout voisin, à l'extrémité duquel une baie, également naturelle, s'ouvre sur la mer, telles ces fenêtres percées dans les épaisses murailles de nos grandioses ruines féodales. On peut compléter la promenade par la visite d'autres grottes d'intérêt secondaire et emporter un souvenir du lieu sous forme de quelques-uns de ces mêmes bibelots fabriqués par de pauvres artisans, dont les cabanes se dressent dans le sable à proximité des rochers.

DE TOURANE A HUE

On ne saurait manquer, étant à Tourane, l'excursion à Hué, la vieille capitale annamite, et bien que la grande route mandarine courant le long de la côte ait souvent été décrite en cette fraction célèbre par le col des Nuages, je pense néanmoins que quelques impressions personnelles, comme celles d'un voyageur ayant fait la route seul, trouveront place ici. Le parcours est, du reste, loin d'être banal tant à cause du mode de transport que par rapport aux sites pittoresques que l'on rencontre. On fait en général ce trajet en chaise d'osier portée par quatre coolies, dits coolies-tram, que l'on change à chacune des stations, échelonnées le long du parcours. Chaque équipe franchit ainsi une quinzaine de kilomètres, en moyenne ; certaines font un peu moins, mais d'autres aussi un peu plus ; on les paye à raison de dix cents par homme et il n'est pas interdit de laisser un pourboire au doï-tram, chargé du recrutement des coolies. Pour le transport des bagages on prend naturellement un nombre suffisant de porteurs en considérant que la charge de chaque homme ne saurait guère excéder vingt à vingt-cinq kilogrammes. De la sorte on peut dire, étant donné qu'on compte sept étapes, que le transport revient environ à quatre piastres pour le voyageur seul, soit 10 francs. A chaque station on trouve également une cabane comme abri, ou même souvent une pagode désaffectée. Mais voyons donc maintenant quelle est cette route qui n'a pas volé sa réputation comme on va voir. Souvent coupé par des cours d'eau, dont un certain nombre manquent encore de ponts, le chemin y gagne en pittoresque, mais y perd en pratique.

Cette route, fort carrossable sur bien des points, et dont une voie ferrée à l'étude, doit prochainement épouser le tracé, sauf quelques variantes, mesure au total cent et quelques kilomètres...

Longeant d'abord la plage, par laquelle les porteurs raccourcissent souvent le trajet en passant sur le sable durci par l'eau, on atteint en deux bonnes heures Nam'O, premier relais. De là, après un double passage de rivière on gagne les premiers lacets de la route qui, à flancs de coteau, s'élève jusqu'au col des Nuages, à 470 mètres, dominé par un sommet dépassant un millier de mètres. Du col, superbe observatoire, où se dressent encore quelques pans des remparts d'un fortin, avec ses deux portes et sa modeste pagode, la vue s'étend sur la baie de Tourane qu'on embrasse dans son ensemble, quand toutefois, justifiant son surnom, le col n'est pas envahi par quelque nuée. La vue n'est pas moins belle à la descente et plus pittoresque peut-être encore, avec les grands dévallements de la montagne vers la mer qui se perd dans le lointain; sur le côté, la lagune de Lang Co fait une grande échancrure dans le littoral : quelques kilomètres à travers la forêt, que des bucherons clairsèment malheureusement, franchissant sur des ponts branlants des torrents aux roches éboulées, conduisent à cette lagune qu'on traverse à son embouchure, à moins que l'on ne préfère la parcourir en sampan pour éviter un pénible passage de la route dans le sable des dunes. Gravissant ensuite un petit col, on débouche dans la luxuriante plaine de Phu Gia, avec ses rizières et ses villages cachés dans la verdure. Au delà, par un autre col, on redescend sur la grande lagune, où il me souvient avoir navigué de longues, bien longues heures C'est donc ainsi en sampan que l'on peut par un canal faisant suite à la lagune, qui avec son encadrement de montagnes rappelle quelques coins de lac suisse, gagner Hué, à moins que l'on ne préfère compléter par terre les dix lieues qui restent encore à franchir.

Enfin, il existe un autre mode de transports pour Hué: c'est le bateau. On trouve souvent des chaloupes à vapeur chinoises, qui effectuent le trajet par mer en six à huit heures lorsque le temps est beau, car la barre de Thuan-Han est parfois un obstacle redoutable et même infranchissable..

HUE

LES TOMBEAUX DES PRINCES D'ANNAM

Je n'ai nullement l'intention, cher lecteur, de vous faire l'historique de Hué... tranquillisez-vous ; qu'il vous suffise de savoir que la capitale de l'Annam consisté surtout en une gigantesque citadelle à la Vauban, œuvre d'un Français, assise sur les bords d'une large rivière, de peu, très peu même, de profondeur, à quatorze kilomètres de la mer. Sur le côté s'est construit un quartier commerçant, où nous retrouvons l'élément chinois encore fort prépondérant. Un canal des plus animés le traverse ; c'est le Dong Ba, dont l'aspect pittoresque, avec ses cabanes sur pilotis de bambous, son mouvement de chaloupes de toutes dimensions, ses quais bruyants, garnis d'arbres masquant des façades d'échoppes, nous rappelle des tableaux déjà vus. Insister sur l'animation du marché qui se dresse à l'entrée du canal, vis-à-vis d'une petite pagode dont deux éléphants de minuscule taille semblent garder l'entrée à l'abri d'un arbre aux formes capricieuses, serait nous exposer à des redites ; aussi passons...

Sur l'autre berge du fleuve s'élèvent les établissements français venus se grouper autour de la légation de France, créée en 1874, précédant d'une douzaine d'années notre installation en Annam. Aujourd'hui c'est la résidence supérieure, précédée d'un beau square-jardin, à la porte duquel de vieilles caronnades représentent de modestes trophées de guerre. Des annexes ont été ajoutées pour les services administratifs à cette belle demeure du haut fonctionnaire, dont je ne saurais oublier l'aimable réception, qui m'a permis de constater le confort de l'installation intérieure. A quelques pas de là un port liliputien abrite la flottille résidentielle. Si nous longeons le quai, qu'un gigantesque pont en fer, œuvre des établissements du Creusot, va bientôt mettre en communication avec la citadelle, nous trouvons le cercle ; vis-à-vis, un hôtel bien compris, dont le propriétaire fabrique sa glace, son eau de seltz et son électricité; puis les Travaux publics, des demeures de fonctionnaires avec leurs jardinets, les habitations des mandarins annamites qui n'ont pas craint le rapprochement des Européens, et le collège, d'où sortent d'intelligents interprètes. En retrait est la poste et la vieille caserne, appelée, paraît-il, à disparaître. Quant à l'élément militaire, peu nombreux du reste, il réside dans une partie de la citadelle, qui nous a été concédée en vertu des traités.

Si nous pénétrons dans cette citadelle, en grande partie déserte et où campaient jadis, paraît-il, une armée de près de cinquante mille hommes, (chiffre que n'atteint même pas la population actuelle) nous sommes saisis par l'aspect d'abandon où se trouvent les parcs et jardins royaux. Des pagodes dédiées à de puissants monarques semblent aussi fort délaissées ; mais, enceinte fortifiée dans la vaste enceinte dont on aura une idée des dimensions, si l'on songe que le rectangle presque carré mesure de deux mille sept cents mètres à trois kilomètres, suivant les faces, la royale résidence, dont on ne peut visiter qu'une faible partie, entre dans la voie des restaurations. A l'extérieur, derrière le mirador royal, se dresse un portique à triples portes (celle du milieu réservée au monarque seul) et muni de corridors de service voûtés. Au-dessus est une tribune décorée laque rouge et or, d'où le prince et sa cour assistent aux grandes cérémonies. Au delà est une pièce d'eau flanquée de portiques aux colonnes de bronze, précédant la belle salle du trône aux colonnes de bois laqué doré, dont la décoration des murs est rehaussée de filets bleus. Elle mesurerait plus de neuf cents mètres carrés. Plus vaste encore est la grande salle du Trône, avec une décoration plus sévère. Elle ouvre sur une cour garnie de cloîtres et flanquée de deux bâtiments affectés à l'usage de salles à manger, avec mobilier moderne, et de salon-fumoir décoré de cadeaux diplomatiques, vases de Sèvre, etc., y compris une belle tapisserie des Gobelins. Le prince donne du reste des réceptions, voir même des dîners à l'européenne, et il possède à cet effet argenterie, linge, cristaux et tout ce qu'il faut.

On pourrait encore citer la Bibliothèque et autre bâtiments ; mais ne songeons pas à percer ces murs où le prince reste, paraît-il, un peu trop prince asiatique parfois, et n'insistons pas surtout du côté de la partie réservée aux femmes. Thanh Thaï, le prince régnant, dont le titre signifie : Grand empereur du sud, roi d'Annam, a plusieurs épouses, mais trois seules portent le titre de reines. Sa liste civile est de 925.000 piastres; mais il faut ajouter qu'il a toute l'administration indigène à sa charge.

Je n'en dirai pas plus long ici.

Le complément de la visite de Hué est l'excursion (classique aujourd'hui) aux tombeaux royaux. Elle ne demande, du reste, qu'une journée, surtout si l'on a soin de partir de très bon matin, ou mieux encore dans la nuit. Elle se fait en bateau, les monuments s'échelonnant le long de la rivière. Quand je dis monuments, le mot semble impropre si l'on songe que la demeure dernière des rois qui régnèrent sur l'Annam au siècle dernier ne consiste pas à proprement parler en un tombeau. Qu'on se figure un domaine avec ses bouquets ou même ses bois de pins, ses rizières et surtout ses canaux et pièces d'eau, évoquant tantôt le souvenir de quelque coin de Bretagne ou de lande arcachonnaise ou tantôt comme la vision d'un parc, aux dispositions versaillaises. En effet, le domaine est est la propriété de la descendance du souverain défunt, et je songeais en passant sous les pins qu'un pauvre laboureur de rizière poussant son attelage de buffles avait probablement du sang royal dans les veines ; du reste je donnai bien à la sortie, quelques sous à un prince aux modestes allures qui m'avait escorté dans ma visite. En principe, ces domaines, au point de vue construction, comportent trois parties : le tombeau, la pagode (édifice religieux) et la demeure de la famille ; mais leurs dispositions varient.

Le tombeau le plus éloigné de Hué est celui de Gia-Long, qui régna il y a un siècle ; c'est le plus vaste et le plus important. Il comporte une pagode avec ses dépendances et ses terrasses, dont le détail descriptif serait fastidieux. Sur le côté également, précédée d'une pièce d'eau, est la nécropole royale entaillée en quelque sorte dans la colline et précédée de vastes terrasses, marches gigantesques. En pendant, mais de modestes proportions, est le tombeau des femmes. On pourrait encore citer d'autres pagodes et le tombeau du père de Gia-Long. Moins imposant est l'aspect de l'asile suprême de Minh-Mang. Le tout est englobé dans le même motif, ou plutôt la même suite d'édifices. C'est en une enfilade dépassant deux cents mètres de longueur, d'abord la pagode précédée de sa cour avec les éléphants, les chevaux, les mandarins, et les dragons (tous en pierre) gardiens du lieu. On y conserve des reliques (objets ayant appartenu au défunt) ; puis se dresse la stèle en granit où sont gravés les éloges du mort et parfois sa biographie. A la suite, des terrasses conduisent à la pagode royale avec la demeure familiale. Enfin une pièce d'eau, englobant tout le monument dans ses courbes gracieuses, précède la partie finale : le tombeau lui-même enfoui sous la verdure.

A peu près semblable dans son plan d'ensemble, mais plus réduit, est le monument de Thieu Tri. Gracieux d'aspect, il n'en impose pas, à mon avis, par son caractère grandiose comme le tombeau de Gia-Long. Des portiques aux colonnes de bronze ouvragé, avec une garniture d'émaux de couleurs, ainsi que des jardinets en terrasses à plates-bandes, complètent la décoration de ces singuliers édifices, d'une originalité fort intéressante sans conteste. Je compte, du reste, les décrire plus au long dans un article spécial auquel seraient joints des vues, plans, profils et croquis pour la bonne compréhension de ces monuments. On pense, du reste, créer une section administrative dite des Monuments historiques de l'Indo-Chine, où ces édifices seront naturellement inscrits des premiers.

Je ne dirai rien du tombeau de Tu Duc plus prétentieux, qu'imposant, avec ses pièces d'eau, ses terrasses et ses pagodes.

Enfin je passerai tout à fait sous silence d'autres tombeaux princiers sans intérêt.

*_

Je pourrais encore parler des provinces plus au nord de l'Annam dans une région fort intéressante au point de vue agricole, comme diverses autres régions annamites mais je me bornerai pour cette fois, et c'est ainsi que j'inscrirai également seulement pour mémoire le nom de Faïfo, ce centre commercial important situé à quelque distance de Tourane.

De l'Annam je regagnai Saïgon, et quelques semaines après je revoyais avec joie la terre de France et je retrouvais famille et amis...

J'abrège ainsi un peu le récit de mon voyage dans cette belle et vaste colonie d'Indo-Chine, ne voulant pas abuser de la patience de mes lecteurs, heureux si j'ai pû les distraire quelques instants et mieux encore les intéresser. J'ajouterai cependant pour les personnes désireuses d'approfondir certaines questions, que je compte développer quelques points en des articles spéciaux et qu'enfin je songe à faire paraître un ouvrage illustré sur l'Indo-Chine.

TABLE DES MATIERES

	Pages.
LA ROUTE DE L'EXTRÊME ORIENT	7
SAIGON	31
BANGKOK	47
COCHINCHINE	79
CAMBODGE	97
PNOM-PENH	103
RUINES D'ANGKOR	118
LAOS	129
TONKIN	153
HAIPHONG	167
HANOI	173
LE DELTA	183
ROUTE DE LANGSON ET DE LA PORTE DE CHINE	191
LE LITTORAL NORD	203
LE HAUT FLEUVE ROUGE ET SES AFFLUENTS	207
YUNNAN	239
ANNAM	247
DE TOURANE A HUÉ	257
HUÉ : *Les tombeaux des Princes d'Annam*	271

www.ingramcontent.com/pod-product-compliance
Lightning Source LLC
Chambersburg PA
CBHW062235180426
43200CB00035B/1786